EVAMARISALDILEGENDA

Centro nazionale per le arti contemporanee
Ministero per i beni e le attività culturali

Direzione generale per l'architettura
e l'arte contemporanee

DARC

Centro nazionale per le arti contemporanee
Ministero per i beni e le attività culturali

Direzione generale per l'architettura
e l'arte contemporanee

DARC

EVAMARISALDILEGENDA

CHARTA

Progetto grafico / Design
Gabriele Nason

Coordinamento redazionale
Editorial coordination
Emanuela Belloni

Redazione / Editing
Elena Carotti, Charles Gute

Impaginazione / Layout
Daniela Meda

Traduzioni / Translations
Karel Clapshaw

Copy e ufficio stampa
Copywriter and press office
Silvia Palombi Arte&Mostre, Milano

Grafica web e promozione on-line
Web design and on-line promotion
Barbara Bonacina

Copertina / Cover
photo Stefano Marisaldi

Referenze fotografiche / Photo credits
Patrizia Tocci (p. 50-55)
Herman Van Ommen (p. 14)

Ci scusiamo se per cause indipendenti dalla nostra volontà abbiamo omesso alcune referenze fotografiche.

We apologize if, due to reasons wholly beyond our control, some of the photo sources have not been listed.

Edizioni Charta
via della Moscova, 27
20121 Milano
Tel. +39-026598098/026598200
Fax +39-026598577
e-mail: edcharta@tin.it
www.chartaartbooks.it

Printed in Italy

Centro nazionale per le arti
contemporanee, Roma
25 settembre - 10 novembre 2002
September 25 - November 10, 2002

Ministero per i beni e le attività culturali
Direzione generale per l'architettura
e l'arte contemporanee

DARC

Direttore Generale / General Director
Pio Baldi

Direttore / Director
Servizio Arte Contemporanea
Maria Vittoria Marini Clarelli

Curatore / Curator
Paolo Colombo

Coordinamento e organizzazione
Coordination and organization
Gaia Battaglioli

Ricerca scientifica / Scientific research
Monica Pignatti Morano, Stefania Vannini,
DARC, Roma

Comunicazione / Communication
Lorenza Bolelli, DARC, Roma

Ufficio stampa / Press office
Alessandra Santerini

Coordinamento amministrativo
Administrative coordination
Mario Schiano Lomoriello, Galleria
nazionale d'arte moderna, Roma

Allestimento / Set-up
Basili, Rocca di Papa, Roma
Controlsecurity, Roma

Un ringraziamento particolare a
Special thanks to
Giovanna Amadasi, Laura Barreca,
Massimo De Carlo, Nunzia Fatone,
Pauline Loeb, Massimo Mininni,
Norberto Ruggeri

Il Centro nazionale per le arti
contemporanee ringrazia / thanks

FLOS

per il progetto illumino-tecnico / for the
lighting project

*I miei ringraziamenti vanno a Enrico
Maria Serotti che oltre a realizzare con
me i video mi suggerisce infinite
soluzioni tecnologiche e ad Andrea Gnudi
che ha costruito le scenografie del video
di questa mostra.*

*I wish to express my gratitude to Enrico
Maria Serotti, who, in addition to making
videos with me, suggested endless
technological solutions, and to Andrea
Gnudi, who constructed the settings for
the video in the exhibition.*

e / and

*Anna Rimini, Paolo Colombo,
Liutauras Psibilskis, Giorgio Verzotti*

*Gianna Capelli, Bruna Giovannini,
Luisa Legari, Marina Lanza, Roberto
Daolio, Rosalba Pajano, Cesare,
Deidre, Leonard, Massimo, Elisabetta,
Bianca, Alessandra, Massimo, Roberto,
Pierpaolo, Tommaso, Massimo, Gino,
Greta, Stella, Norberto*

Eva Marisaldi

Eva Marisaldi, che con Michael Raedecker apre la serie delle mostre d'arte del Centro
nazionale per le arti contemporanee dopo l'inaugurazione dedicata all'architettura, è una
personalità artistica tanto più difficile da definire quanto più ci si addentra nel suo
percorso creativo. Pochi artisti, negli ultimi dieci anni, hanno perseguito con altrettanta
determinazione il rifiuto della cifra riconoscibile, riuscendo a mantenere la coerenza
poetica nella varietà dei mezzi espressivi. Forse la costante di questa ricerca è uno
stagnare quasi impercettibile del tempo fra realtà e immaginazione. Quanto basta perché,
dietro un dettaglio apparentemente banale del quotidiano, l'artista socchiuda la porta
della meraviglia, scoprendo voli di farfalle di garza, fotogrammi di vecchi film ricamati,
fontane che zampillano gocce di ferro, rilievi componibili all'infinito e lei stessa e gli altri,
oltre il diaframma di un video che pare lo specchio di Alice. E se la soglia della meraviglia
resta invalicabile, lo spettatore è comunque invitato a sbirciare oltre la porta.

Maria Vittoria Marini Clarelli

Eva Marisaldi – who, along with Michael Raedecker, opens the series of art exhibitions at the Centro nazionale per le arti contemporanee following its architectural inauguration – is an artistic personality who becomes more difficult to define as one delves more deeply into her creative career. Few artists in the last ten years have pursued the rejection of recognizable characteristics with such determination, succeeding in maintaining poetic coherence through a variety of expressive means. Perhaps the constant feature in this quest is an almost imperceptible suspension of the flow of time between reality and imagination. The artist advances beyond seemingly trivial details of everyday life, easing open the door of wonder to reveal flocks of butterflies made of gauze, embroidered stills taken from old films, fountains spurting drops of iron, infinitely recombinant reliefs, and herself and others on the far side of a video barrier that resembles Alice's looking glass. And although the threshold of wonder may remain impassable, the viewer is nevertheless invited to peep beyond the door.

Maria Vittoria Marini Clarelli

LEGENDA
PAOLO COLOMBO

Nella mostra intitolata *Legenda*, Eva Marisaldi presenta una serie di disegni ricamati su grandi tele (circa 2x3 metri ciascuna) sospese al soffitto tra le quali piccoli altoparlanti trasmettono frasi estrapolate da conversazioni udite per strada o tratte da testi preesistenti. Una sala video progettata dall'artista, anch'essa sospesa ai lucernari aperti sopra la grande sala a lei destinata, completa l'esposizione. L'intera mostra non tocca mai terra, rimane a quell'altezza a cui i bambini in età scolare appena arrivano, all'altezza dello sguardo dell'asino Balthazar nel film *Au hasard Balthazar* di Robert Bresson, che, durante tutta la pellicola, coincide con l'occhio della telecamera.

Legenda significa "le cose che si devono leggere", ma è anche il nome di battaglia assunto dai terroristi tedeschi (Baader-Meinhof) negli anni di piombo. È soprattutto a quest'ultima accezione che si riferisce Eva Marisaldi. Con questa parola l'artista allude a una figura non identificata né identificabile, invisibile – in breve Balthazar, "paziente merito"[1] tra gli uomini, merce di scambio e, nel film di Bresson, vero punto di vista *diverso* per sentimenti e per presa sulla vita.

Premessa alla mostra è l'esistenza di un osservatore interno, al contempo estraneo e *giudice*, conscio ma non partecipe della cacofonia delle voci che si sovrappongono nello spazio tra le tele sospese, delle loro interiezioni, delle domande e delle frasi che compongono il nostro comunicare quotidiano.

Eva Marisaldi procede per analogie e contrasti: ogni affermazione è contrapposta a un nuovo fattore che muta i termini dell'equazione. In *Legenda* questo ruolo è assegnato alla sala video sospesa, nella quale l'artista presenta una proiezione che descrive tre luoghi diversi del comunicare: la televisione, il cinema e lo spazio politico – in questo caso il nostro parlamento. Nel video, i personaggi che guardano e dibattono sono, sì, umani, ma sono rappresentati dall'artista come dei sassi: piccole e cocciute monadi impermeabili al mondo. Come già Bresson, che aveva ambientato Balthazar in periodo di guerra, anche Eva Marisaldi, che vive in un periodo di pace solo apparente, denuncia la stolidità come caratteristica dominante di questa nostra epoca denotata dalla mancanza di attenzione per l'altro e dall'eccesso di parole.

1. "Perché chi sopporterebbe le sferzate e gli insulti del mondo, l'ingiustizia dell'oppressore, la contumelia dell'uomo orgoglioso, gli spasimi dell'amore disprezzato, l'indugio delle leggi, l'insolenza di chi è investito d'una carica, e gli scherni che il paziente merito riceve dagli indegni, quando egli stesso potrebbe fare la sua quietanza con un semplice pugnale?" William Shakespeare, *Amleto*, atto III, scena I

LEGENDA
PAOLO COLOMBO

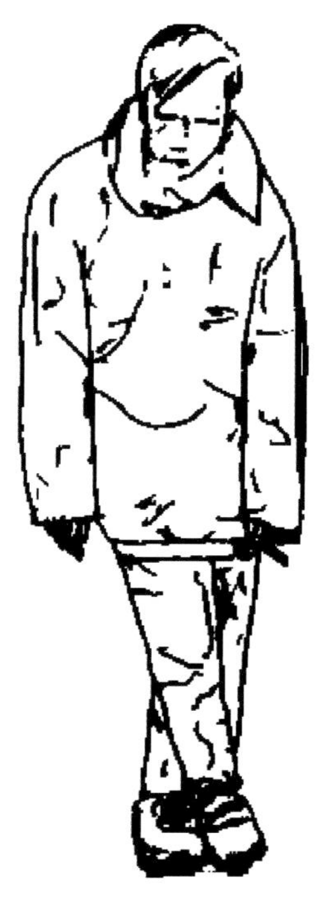

Angolo, 1996
Videoanimazione/Video animation, 30 sec.
Collezione privata/Private collection

1. "For who would bear the whips and scorns of time, the oppressor's wrong, the proud man's contumely, the pangs of despised love, the law's delay, the insolence of office, and the spurns that patient merit of the unworthy takes, when he himself might his quietus make with a bare bodkin?" William Shakespeare, *Hamlet,* Act III, Scene I.

In the exhibition *Legenda,* Eva Marisaldi presents a series of pictures embroidered on large canvases (about 2x3 meters each) suspended from the ceiling, among which small loudspeakers transmit phrases extrapolated from conversations overheard in the street or taken from pre-existing texts. A video room designed by the artist, also suspended from the skylights above the large room devoted to her, completes the exhibition. The whole show never touches the ground, remaining at a height that children of school age can barely reach, the height of the eyes of the donkey Balthazar in Robert Bresson's film *Au hasard Balthazar,* which coincides with the eye of the camera throughout the film.

Legenda, legend or caption, means "things that must be read," but it is also a *nom de guerre* or code name assumed by the Baader-Meinhof terrorist group during the so-called "years of lead," the 1970s and '80s. It is to this meaning, particularly, that Eva Marisaldi refers. She uses the word to allude to an unidentified, unidentifiable, invisible figure – in short, Balthazar, "patient merit"[1] among men, an item of merchandise for barter and, in Bresson's film, a truly *different* viewpoint for feelings and a grasp on life.

A basic premise of the exhibition is the existence of an inner observer who is at the same time apart and *judging,* aware of but not participating in the cacophony of overlapping voices in the space between the hanging canvases – the babble of interjections, questions and statements that make up our everyday communication.

Eva Marisaldi proceeds by analogies and contrasts: every affirmation is offset by a new factor that alters the terms of the equation. In *Legenda* this role is assigned to the suspended video room, in which the artist presents a projection that describes three different places of communication: television, cinema and the political scene – in this last case, our parliament. In the video, the characters watching the debate are certainly human, but the artist represents them as being like stones: small, stubborn monads, impermeable to the world. Like Bresson before her, who set Balthazar in wartime, Eva Marisaldi, who lives in a period of merely apparent peace, denounces stolidity as our dominant characteristic in this age denoted by a lack of attention to others and an excess of words.

EVA MARISALDI
LIUTAURAS PSIBILSKIS

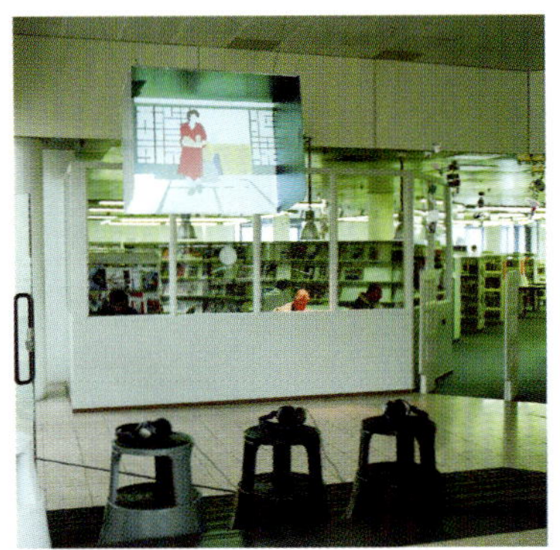

Happ, 2001
Mobiles, videoanimazione/video animation,
3 min.
Courtesy Sonsbeek 9, Arnhem

1.

Le immagini di Eva Marisaldi sembrano prendere spunto dalla semplice osservazione dei mondi che ci circondano. Poi la riflessione entra in un regno fantastico e immaginario che può portare lontano lo spettatore. La sua arte è luminosa e indiretta così che si possono trovare modi paralleli per esaminarla e per parlarne, modi che coinvolgono la conoscenza che si ha dei suoi lavori. Verbalizzare movimenti visivi senza ridurne la portata o privarli della schiettezza costituisce sempre una sfida. Quando vedo i lavori di Eva inizio a rendermi conto che il suo modo di fare arte è come un gioco, come un procedimento in essere dalle possibilità illimitate. Non è casuale che lei spesso inviti degli amici a dare un contributo, creando qualcosa di soggettivo, imprevedibile ed emozionante da ricordare. Eva lascia che i suoi lavori si sviluppino e crescano, guardandoli quasi "dal di fuori", finché non iniziano ad animarsi di vita propria. Il tratto giocoso che caratterizza i suoi lavori coincide con un modo diretto e indagatore di guardare ciò che la circonda. Non vi è ombra di pessimismo anche se talvolta si può percepire un leggero velo di malinconia. In *Senza titolo*, un video del 1999, si vedono due persone che camminano e si muovono come se partecipassero a dei rituali mistici, seri e quasi reali. In *Steadygirl* del 1996 i luoghi più appartati di un palazzo sono filmati da una ragazza che si muove lentamente con una videocamera sulla spalla. Nelle immagini possiamo ancora percepire i movimenti del corpo. I significati e le intenzioni che Eva esprime in ogni suo lavoro sono molto precisi. Lo spettatore viene indotto a seguirne il ritmo per guardare e partecipare alla creazione del significato mediante la riflessione che lei stessa fa. È così che l'immagine acquista più livelli di soggettività, viene ricreata di continuo ed è sempre differente con ogni nuovo spettatore.

2.

Il lavoro di Eva è pieno di interrogativi e sorprese. Ciò stimola ad andare oltre – verso esperienze al di là della propria portata. Accadono strane cose che si potrebbero definire miracoli quotidiani. Un musicista che mantiene la calma pur essendo inseguito da uno sciame di farfalle colorate, oppure uccelli che formulano parole umane. In *Interferenze*, un video del 2001 suddiviso in sette par-

EVA MARISALDI
LIUTAURAS PSIBILSKIS

1.

Eva Marisaldi's artworks seem to begin with a simple observation of the world around us. This reflection then enters a realm of fantasy and imagination that may take you, the viewer, far away. Her art is translucent and directly indirect, so you may find parallel ways of looking and speaking about it, ways that would also work together with your experience of her pieces. It is always a challenge to verbalize visual moves without narrowing their scope or closing their openness. When I see more of Eva's work, I begin to realize that for her, making art is like a game, an open process with limitless possibilities. It is not accidental that she often invites friends to play and contribute, to make something subjective and unpredictable that would be exciting merely to remember. Eva lets her works develop and grow, almost watching them from "outside" until they start to live their own lives. This game-like quality in Eva Marisaldi's work coincides with a direct and questioning look at things around her. There is no shadow of pessimism, although you may sometimes sense a slight touch of melancholy. In *Senza titolo*, a video work from 1999, a few people walk around enacting strange performances that can be interpreted as semi-real, serious, mystical rituals. In *Steadygirl* from 1996, we see the most private parts of a palace, filmed from the shoulder of a slowly moving camerawoman. We can still sense the body movements in the filmed picture. Eva is very precise with the meanings and intentions of every piece. At the same time, the viewers are invited to take their time, to watch and participate in the creation of meaning through their own reflection. The artwork acquires more than one layer of subjectivity, and is created again and again, always different with every new beholder.

2.

There is a lot of wondering and wonders in Eva's work. This may inspire you to proceed further – toward new experiences. Strange things happen that could be called everyday miracles: a relaxed musician is followed by a swarm of colorful butterflies, or birds articulate human words. In *Interferenze*, a video work from 2001 consisting of seven parts, we take a walk with seven protagonists in seven different cities. We move from one point of the city to another, looking

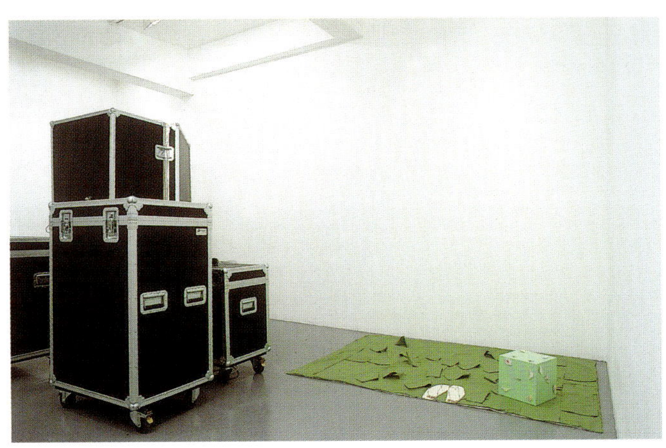

Pale Idea, 2001
4 ritratti, materiali vari, voci/4 portraits,
various materials, voices
Courtesy Galleria Corvi Mora, London

ti, passeggiamo con sette persone in sette città differenti. Ci muoviamo da una parte all'altra delle città, guardandoci attorno. Focalizziamo il nostro sguardo su dettagli che di solito, nella fretta, ci sfuggono: quelle piccole grandi cose che possono rimodellare molto intimamente la nostra percezione, albergare nella nostra mente fino a diventare parte di noi. Ci si può prendere una pausa per bere una tazza di caffè, giocherellare con le chiavi o con l'accendino. Può succedere in qualsiasi modo. In *Interferenze* le persone seguono percorsi casuali, ma stranamente simili, percorrendo reti stradali differenti. A Milano, Bologna, Venezia… I colori sono forti e le immagini vengono valorizzate dal sistema digitale. Le strade sembrano mutazioni del proprio io, della memoria e dei percorsi del pensiero e della percezione. Le opere della Marisaldi non sono lavori sull'urbanistica o sulla mera spazialità. Forse hanno più a che vedere con semplici nozioni legate al fatto di trovarsi in un certo posto, da soli e in compagnia. Questa semplicità – che non diventa mai semplicistica – è una qualità significativa che caratterizza il lavoro di Eva. Non si possono sempre definire, catalogare, nominare, posizionare e fissare tutti i propri movimenti. Ciò potrebbe distruggere la sostanza impenetrabile delle cose. Per Eva Marisaldi arte non significa teorizzare e produrre concetti, ma piuttosto riflettere, tentare di non fermare la vita e ammirare ciò che ci circonda. In questo caso, l'essenza di un'immagine è altrove, nella sfera dell'ineffabile, racchiusa in qualcosa che è impossibile esprimere chiaramente.

3.

A Eva piace la storia che le racconto mentre vediamo il suo ultimo film intitolato *Legenda*, che verrà presentato al Centro nazionale per le arti contemporanee di Roma. "In Lituania, nei pressi di una cittadina chiamata Anyksciai c'è la pietra più importante della nazione. Viene gente da ogni parte per vederla. La pietra si chiama 'Puntukas' e in effetti guardandola, se si proviene da un'altra nazione dove ci sono molte pietre, ci si può chiedere come possa essere tanto importante. Con grande disappunto dei loro ospiti, molti stranieri, quando vengono portati a visitarla, non capiscono affatto l'importanza di quello che stanno guardando… In Lituania non ci sono pietre più grandi, non ci sono mon-

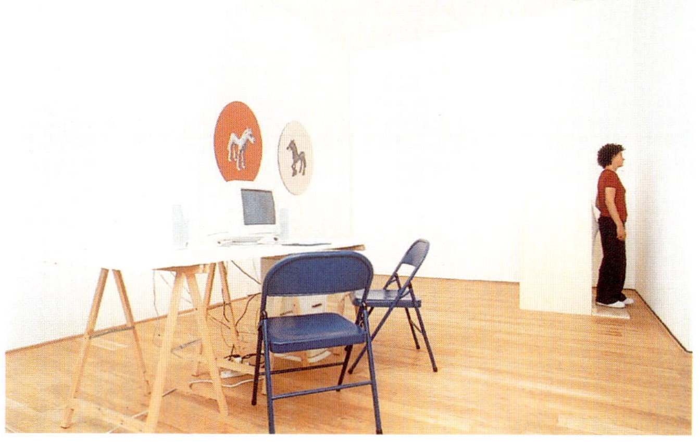

Tristan, veduta della mostra/exhibition view,
Galleria Massimo De Carlo, Milano, 2000
Courtesy Galleria Massimo De Carlo, Milano

around at things. We focus our gaze on details we would not usually see while on the move: the small-or-large things that can reframe our perception in very intimate ways, staying in the mind and becoming a part of us. You may stop for a cup of coffee, play with your keys or a lighter. It can be anything. In *Interferenze*, people take random but strangely similar paths through different networks of streets. In Milan, Bologna, Venice... The colors are strong, and the pictures look digitally enhanced. These streets feel like mutations of your self, your memory, and your paths of thinking and perception. Marisaldi's works do not theorize urban or spatial ideas. Rather, they are concerned with more simple notions of being in a place, being alone and being with others. This simplicity – which never becomes simplistic – is a significant quality of Eva's work. You cannot always define, categorize, name, position and fix all your moves. That might destroy the undetectable substance of things. According to Eva Marisaldi, art is not theory nor the production of concepts, but rather a reflection, an attempt to admire things around you while never stopping the process of life. Here, the substance of an artwork lies somewhere in the sphere of the unspeakable, in what is impossible to articulate.

3.

Eva likes the story I tell her when we watch her newest film, called *Legenda*, soon to be presented at Centro nazionale per le arti contemporanee in Rome: "In Lithuania, near a small town called Anyksciai, there is a stone that is the most important stone in the country. People from all around come to see it. The stone is called 'Puntukas,' and actually, if you came to see it from another country where there is more than one stone, you might wonder how it could be so important. When taken to see it, many foreigners, to the great disappointment of their hosts, do not really know what they are supposed to look at... In Lithuania there are no bigger stones, there are no mountains, and Puntukas gets featured in magazines and school books, usually next to 'Stelmuze,' the biggest and oldest tree in Lithuania. Recently I heard rumors that somewhere out in Lithuania there is another stone, bigger than Puntukas, but it is hidden inside the earth so nobody knows how big it is. It may be enormous, and perhaps it

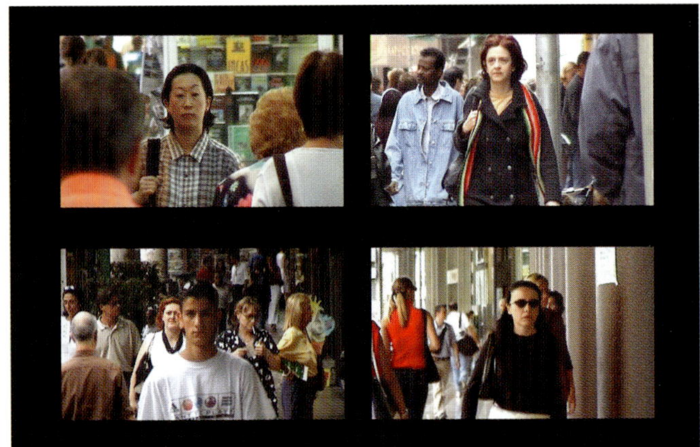

Interferenze, 2001
7 video/7 videos, durata totale/total duration
25 min.
Courtesy Galleria Meert Rihoux, Bruxelles

tagne e la foto di 'Puntukas' si trova su tutte le riviste e i libri di scuola, di solito assieme a 'Stelmuze', il più grande ed antico albero della Lituania. Di recente ho sentito dire che da qualche parte in Lituania c'è un'altra pietra più grande di 'Puntukas', ma che si trova sotto terra e quindi nessuno sa che dimensioni abbia. Potrebbe essere enorme forse tanto da arggiungere il centro del pianeta. E chi lo sa?" In Lituania, negli album di famiglia, si trovano fotografie dove Puntukas viene immortalata con i famigliari. Sostituendo letteralmente le figure umane con dei sassi si ritrova ciò che Eva Marisaldi fa nel suo ultimo video. Sassi che discutono in parlamento, che vanno al cinema e che parlano poco. Mi chiesi ciò che Eva intendesse con questa sostituzione. Quando cercai di accennare a un significato politico mi sembrò piuttosto esitante. Non le piacciono le definizioni troppo forti che le vengono cucite addosso. Sembra che questo lavoro sia un gioco, un sorriso senza (e con) metafore o commento sociale. Quando chiedo di nuovo a Eva di commentare il lavoro, mi porta un libro sui giardini di pietre giapponesi. Le piacciono e dice che le pietre hanno ampi poteri mnemonici. Le pietre sono lì da tanto tempo.

4.

Non è facile esplorare l'interiorità e capire le sfumature di un mondo senza rasentare la sentimentalità. Questo però non accade con i lavori di Eva Marisaldi. Alcune persone sono molto brave a raccontare storie e altre a usare metafore. Altre ancora sono invece capaci di combinare entrambe le cose. Questo è ciò a cui penso quando rifletto sul lavoro della Marisaldi. Probabilmente la parte difficile nel fare arte è avere la capacità di parlare penetrando nelle cose semplici. Ciò richiede un grande senso di equilibrio. E questo equilibrio è un altro elemento che contribuisce a rendere così affascinante il lavoro di Eva Marisaldi.

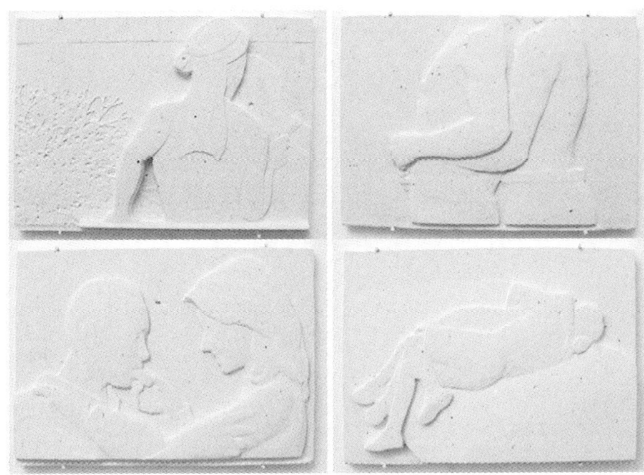

goes deep into the center of the planet. Who knows?" In family albums in Lithuania there are portraits of Puntukas taken together with family members. Literally replacing human figures with stone is what Eva Marisaldi does in her latest video: stones have discussions in Parliament, they go to see a movie, they make small talk. I wondered what Eva meant with this replacement. When I tried to imply a political meaning, she seemed quite hesitant. She does not like definitions that are too strong and sticky. It seems that this work is a game, a smile without (and with) metaphors or social commentary. When I asked Eva to comment on the piece once again, she brought out a book on Japanese stone gardens. She likes them, and says that stones have extensive mnemonic powers. Stones have been around for a very long time.

4.

It is not easy to explore the sensibilities and nuances of the world without approaching the edge of sentimentality. This, however, does not happen with Eva Marisaldi's works. Some people are very good at storytelling; others use metaphors. Others still are able to combine both. This is what I think about when I reflect on Marisaldi's work from a distance. Being able to speak sensitively about quite simple things is probably the most difficult part of making art. It requires a great sense of balance. This balance is one more thing that makes Eva Marisaldi's work so alluring.

IN ARIA
GIORGIO VERZOTTI

Quando un discorso si approssima di molto alla verità si dice che è "fondato".
Ha un fondamento un ragionamento razionale, è fondante un'esperienza che ci
dà un indirizzo di vita. Il fondamento come metafora non è poi che un rispec-
chiamento della realtà più prosaica, dove non esiste cosa, struttura, elemento
stabile, che non abbia delle fondamenta in cui radicarsi e perciò esistere.
Tutto questo è veicolato e confermato dal linguaggio, inteso in senso comune,
e tuttavia niente di ciò che il linguaggio comporta ci rassicura. Per un vizio intel-
lettuale e per una acuta sensazione che proviene dall'esperienza della realtà,
proprio quella più prosaica.
Il lavoro culturale serve a seminare il sospetto nelle certezze ereditate, e la prima chimera che affronta è quella del fondamento, la cui contestazione radicale
in campo filosofico e scientifico ha ormai una genealogia lunghissima. Il lavoro
artistico non è mai stato da meno e, soprattutto nel corso accidentato dell'ultimo secolo, ha dato un grande contributo alla titanica impresa di *rovesciare il
platonismo*. Titanica, ma cominciata a partire dalle minuzie, perché ciò che con-
traddistingue le strategie innestate dal lavoro artistico nell'ambito della creazione del senso è la salutare scelta di non dimenticare niente, anzi di dedicarsi
a ciò che apparentemente non ha importanza in quanto ovvio o banale. Gli artisti, più dei filosofi o degli scienziati, sanno infatti che il rovesciamento deve
cominciare da lì, deve incarnarsi in un'utopia che ha rilevanza nel quotidiano,
altrimenti ogni istanza filosofica e scientifica non avrebbe effettualità.

Questo ordine di riflessioni ci investe direttamente sia quando consideriamo le
nuove opere di Eva Marisaldi (sempre coadiuvata da Enrico Maria Serotti), con-
cepite per questa mostra, sia se le leghiamo al contesto più ampio della sua
produzione precedente. Vediamo per prima cosa un mondo privo di fondamento, dove tutto sta sospeso a mezz'aria pur essendo intenzionato a strutturare,
a creare un ambiente. Un serie di ampie tele libere su cui sono sommariamen-
te delineati, tramite fili neri, scenari deserti viene sollevata nello spazio come a
creare un aereo labirinto. Più lontana, una stanza dalle pareti di stoffa ampia, a
sufficienza per accogliere un piccolo pubblico, sta anch'essa leggermente sollevata dal pavimento, e le persone che vi entrano sono visibili dai piedi. All'in-

UP IN THE AIR
GIORGIO VERZOTTI

When a discussion comes very close to the truth, one says that it is "well founded." A rational argument has a foundation, and an experience that gives us a direction in life is fundamental. The foundation as a metaphor is therefore no more than a reflection of the most prosaic reality, in which there is no object, structure or stable element that does not have foundations on which to establish itself and thus exist.

All this is conveyed and confirmed by language, understood in terms of common sense, and yet nothing of what language contains reassures us. This is because of an intellectual defect, and because of an acute feeling that comes from the experience of reality, precisely the most prosaic reality.

The labor of culture serves to sow the seed of suspicion in inherited certainties, and the first foolish illusion that it confronts is that of the foundation, the radical reaction to which, in the fields of philosophy and science, now has a very long genealogy. The labor of art has never lagged behind, and the bumpy course of the last century has particularly offered a great contribution to the titanic enterprise of *overturning Platonism*. Titanic, but set in motion by means of small details; for what distinguishes the strategies introduced by the work of art in the context of creating meaning is the salutary option of not forgetting anything, or rather of devoting oneself to what seemingly has no importance because it is obvious or banal. Artists actually know, even better than philosophers or scientists, that this is where the overturning must begin: it must be embodied in a utopia that has importance in everyday life, otherwise none of the urgings of philosophy or science would have any effective reality.

This order of reflections assails us directly when we consider the new work produced by Eva Marisaldi, always with the assistance of Enrico Maria Serotti, which is conceived especially for this exhibition; and, if we link them up with the broader context of her previous work, what we see first of all is a world devoid of a foundation, where everything is suspended in mid-air, although intended to provide a structure and create a setting. A series of large, free-hanging pieces of cloth, on which empty stages are summarily depicted by means of black threads, is suspended in space as if to create an aerial maze. Further on, a room with

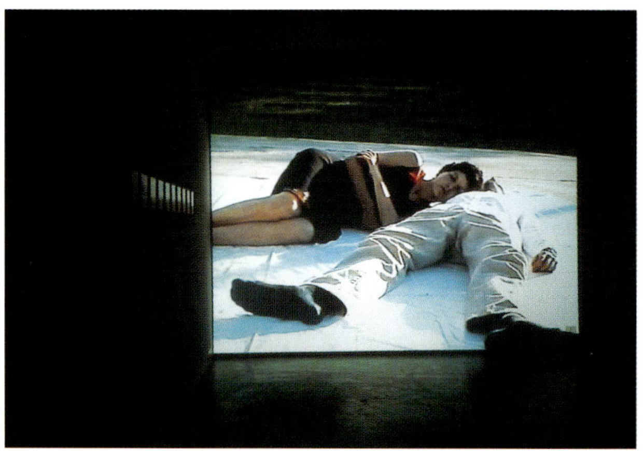

Senza Titolo, 1999
Video, 6 min. 30 sec.
Collezione privata/Private collection
Courtesy Galleria S.A.L.E.S., Roma

terno della stanza il pubblico assiste alla proiezione di un'animazione in stop motion, in cui l'artista ha descritto l'umanità come un insieme di sassi levigati; nei pressi delle tele invece pendono dal soffitto sedili come altalene e casse acustiche inserite in sacchetti di stoffa.

Dalla casse ascoltiamo provenire voci che pronunciano frasi spezzate di senso compiuto ma rese stranianti per l'assenza di un contesto, a volte prese da testi letterari in guisa di citazioni difficilmente identificabili, presentate come le rovine di un universo di senso esploso.

L'animazione da par suo ci mostra un'impietosa, per quanto divertente, rappresentazione di noi stessi. I sassi-personaggi, pazientemente filmati in sequenza per dare l'impressione del movimento, si trovano impegnati in azioni tipiche dei nostri stili di vita: il pubblico che entra in un cinema e assiste a una proiezione (di un film d'essai, dove la pietra viene associata alla carne umana…), un individuo che guarda beatamente la tv seduto in poltrona, e poi, più curiosamente, una riunione parlamentare. Quest'ultima somma in sé tutta la carica ironica dell'opera, in quanto essa da animata diventa animosa, al punto che i deputati finiscono in una rissa con tanto di commessi (sassolini triangolari) che cercano di sedarla.

Insomma, la vita può apparire caotica se non abbiamo un fondamento, un contesto, a cui fare riferimento. Il richiamo alla narrazione che emerge da diversi lavori recenti di Eva Marisaldi allude probabilmente a questo. C'è un bisogno sempre più intenso di dare senso ai diversi scenari della nostra esistenza, una coerenza che la narrazione attesta e che noi assumiamo come desiderio (potersi raccontare per conoscersi). E d'altra parte c'è una realtà esterna, data, sempre più contraddittoria e sfuggente, almeno apparentemente senza senso. Essa si mostra o si impone a noi come puro spettacolo. Lo spettacolo diventa sia un fattore di coesione collettiva, quasi un rituale, sia uno strumento per la costruzione dell'identità (il cinema, la televisione) dentro un universo esistenziale alienato, dove i rappresentanti del potere sono portatori di quello stesso caos che la loro azione dovrebbe sedare (la rissa in parlamento, un altro luogo di spettacolo).

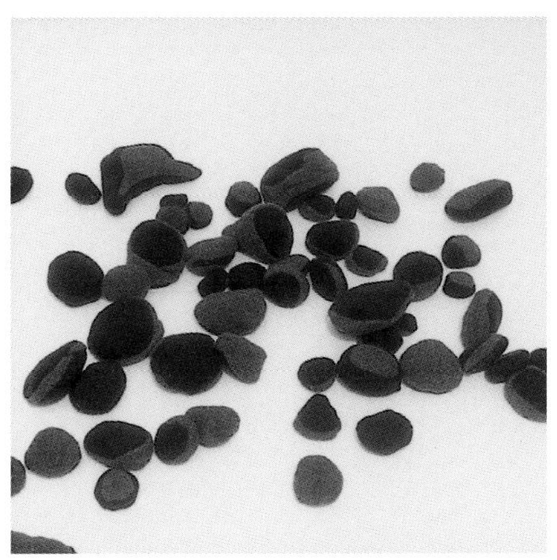

walls consisting of pieces of cloth large enough to admit a small audience is also raised slightly above the floor, and the legs of the people that go into it are visible from outside. Inside the room the audience watches the projection of a stop-motion animation in which the artist describes humanity as a group of polished stones; near these cloth walls there are seats hanging from the ceiling like swings, and loudspeakers placed inside small bags of fabric.

We hear voices coming from these loudspeakers, uttering fragmented sentences that are perfectly sensible but made strange by the absence of a context, sometimes taken from literary texts in the manner of quotations that are difficult to identify, presented like the ruins of a shattered world of meaning.

The animation, for its part, shows us a merciless representation of ourselves, however amusing it may be. The stone-people, patiently filmed in sequence to give the impression of movement, are engaged in activities typical of our lifestyle: an audience going into a cinema and watching a screening (of an experimental film, where stone is associated with human flesh…), a person sitting in an armchair blissfully watching television, and then, more curiously, a session in parliament. This last sequence sums up the ironic impact of the work, progressing from animation to animosity, with the members of parliament ending up in a brawl while a host of attendants (triangular pebbles) try to calm things down.

In short, life may appear chaotic if we do not have a foundation, a context to refer to. The reference to narration that emerges from several of Eva Marisaldi's recent works probably alludes to this. There is an increasingly intense need to give meaning to different scenarios in our existence, a coherence to which narration bears witness and that we assimilate as a desire (to be able to give an account of oneself in order to know oneself). And, on the other hand, there is a given external reality, contradictory and elusive and, seemingly at least, without meaning. This reality shows itself to us or imposes itself as pure spectacle. The spectacle becomes either a manifestation of collective cohesion, almost a ritual, or an instrument for the construction of identity (cinema, television) in an alienated, existential world where the representatives of power are

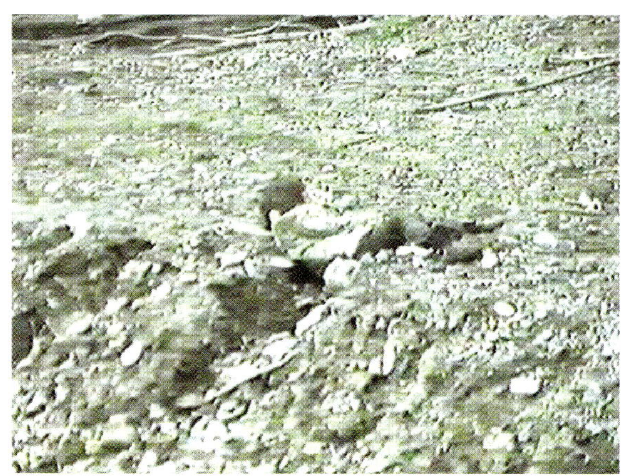

1996, 1996
Video, 2 min. 19 sec
Courtesy Galleria Minini, Brescia

C'è un senso di allarme in queste opere, e in altre di Marisaldi, come il bellissimo e malinconico cartoon realizzato a computer dove il corvo de *La Settimana Enigmistica* svolazza perplesso sopra una città deserta, nell'impossibilità di divulgare i suoi indovinelli. L'assenza di fondamento è anche la consapevolezza di vivere in un mondo dove molte informazioni ci vengono sottratte con atti di imperio e di censura, dove una certa dose di non-sapere, per così dire, è preventivata e imposta dal potere. (Le fotografie relative all'attacco militare in Afghanistan sono state tutte acquistate dal Dipartimento della Difesa americano, perciò tutte le immagini di quella guerra sono state e sono tutt'ora sottoposte a censura preventiva. Io questo non lo sapevo, finché a Kassel non ho visto l'opera di Alfredo Jaar. Ora me lo ricorda Eva Marisaldi).

Naturalmente non c'è solo questo, c'è anche la passione. Attraverso la passionalità, questa particolare temperatura emotiva dell'essere-nel-mondo, ci salviamo da un destino di alienazione. La frammentazione dei micro-racconti dell'artista si può leggere anche come apertura estrema alla possibilità del senso. Spesso nel lavoro di Marisaldi questa possibilità è descritta come una sorta di reinvenzione del già dato, a cominciare dal suo significativo lavoro sul cinema, il più grande serbatoio di passionalità fittizie a nostra disposizione. Le animazioni sotto forma di coloratissimi cartoons o la serie dei fotogrammi ricamati, così come la narrazione filmica basata sulla ripetizione della stessa scena da parte di diverse coppie di attori non valgono solo come esercizi di stile, per quanto geniali. Esse attestano anche la volontà di riappropriarsi, insieme alle topiche del récit, anche della passionalità che lo anima, rubandola alla grande macchina dello spettacolo per costruire tante piccole macchine desideranti.

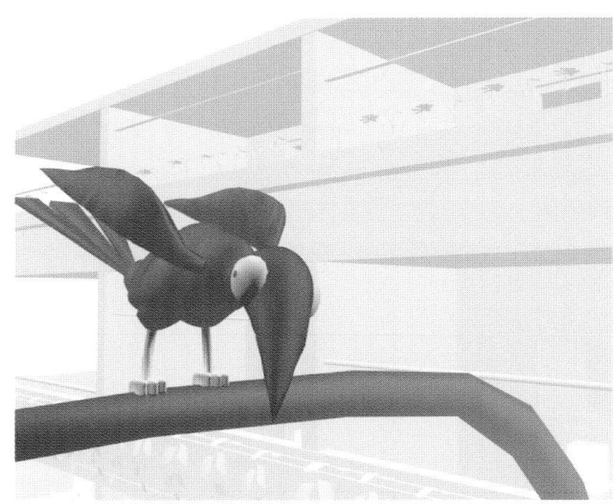

Il corvo, 1998
Videoanimazione/Video animation
5 min. 10 sec.
Collezione privata/Private collection

bearers of the very chaos that their action should assuage (the brawl in parliament, another place of spectacle).

There is a sense of alarm in these and other works by Marisaldi, such as the beautiful, melancholy, computer-made cartoon in which the perplexed crow from *La Settimana Enigmistica** flies about above a deserted city, confronted with the impossibility of divulging his riddles. The absence of a foundation is also the awareness of living in a world where much information is withheld from us through acts of imperialism or censorship, where a certain dose of not knowing, as it were, is preplanned and imposed by the powers that be. (The photographs of the military attack in Afghanistan were all acquired by the American Defense Department, so that all the pictures of that war were and still are subject to preventive censorship. I did not know this until I saw Alfredo Jaar's work in Kassel. Now Eva Marisaldi reminds me of it.)

Naturally, there is not just this – there is also passion. Through passion, the particular emotional temperature of being-in-the-world, we save ourselves from a fate of alienation. The fragmentation of the artist's micro-tales can also be read as an extreme openness to the possibility of meaning. In Marisaldi's work this possibility is often described as a kind of reinvention of what is already given, beginning with her significant work on the cinema, the greatest reservoir of fictitious passion at our disposal. The animations in the form of highly colorful cartoons, or the series of embroidered film stills, or the film narration based on the repetition of the same scene by different pairs of actors, are valid not only as exercises in style, however brilliant they may be. They also bear witness to a desire to reappropriate, along with the commonplaces of the tale, the passionateness that animates it, stealing it from the mighty machine of spectacle in order to construct all these little machines of desire.

*A weekly magazine of crossword puzzles and riddles.

Le frasi riportate alle pagine 39-49 sono tratte da
Phrases from pages 39-49 are quoted from

John Cheever
Alberto Giacometti
Aldo Rossi
Fleier Jagghy
Kader Abdolah
David Cronenberg
David Lynch
Truman Capote
Cesare Pavese
James Hillman
André Gide
Virginia Woolf
William Burroughs
e altri cari sconosciuti
and other dear, unnamed people

Le frasi sono lette da
Phrases are read by

Deirdre Barry
Bianca Dominici
Giorgio Lavagna
Cesare Mannino
Roberto Nenzioni
Leonard Emekà Okoro
Rosalba Paiano
Emilia Rubbi
Franca Van Hallen

p. 26-38
Legenda, 2002
Stanza in tessuto/Room with tapestry
Videoanimazione/Video animation, 6 min.

p. 39-49
Legenda, 2002
Fondali con disegni in filo, installazione sonora
Backdrops with thread drawings, sound installation

p. 50-55
Legenda, 2002
Istallazione/Installation, Centro nazionale per le arti
contemporanee, Roma, 2002

LEGENDA

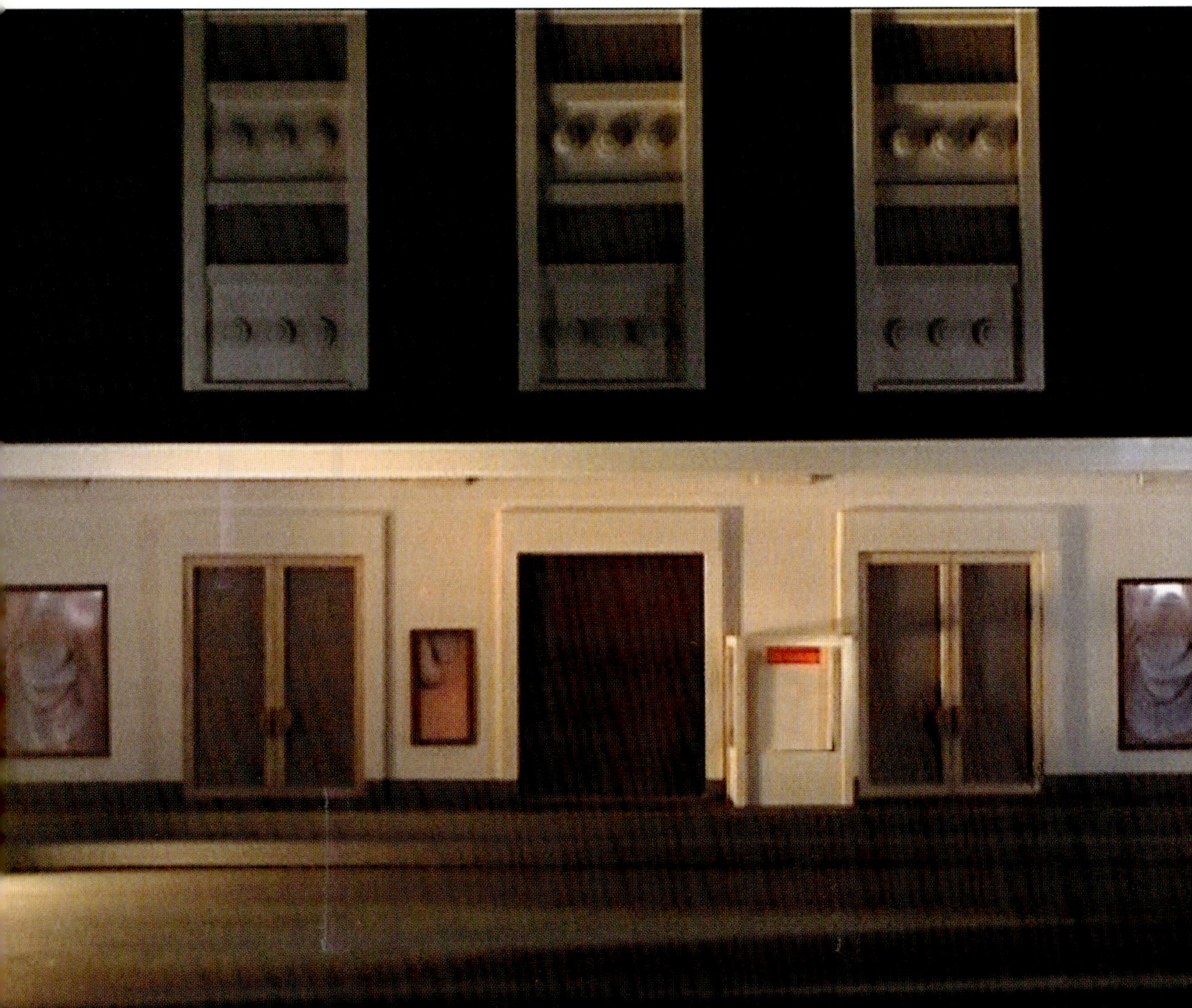

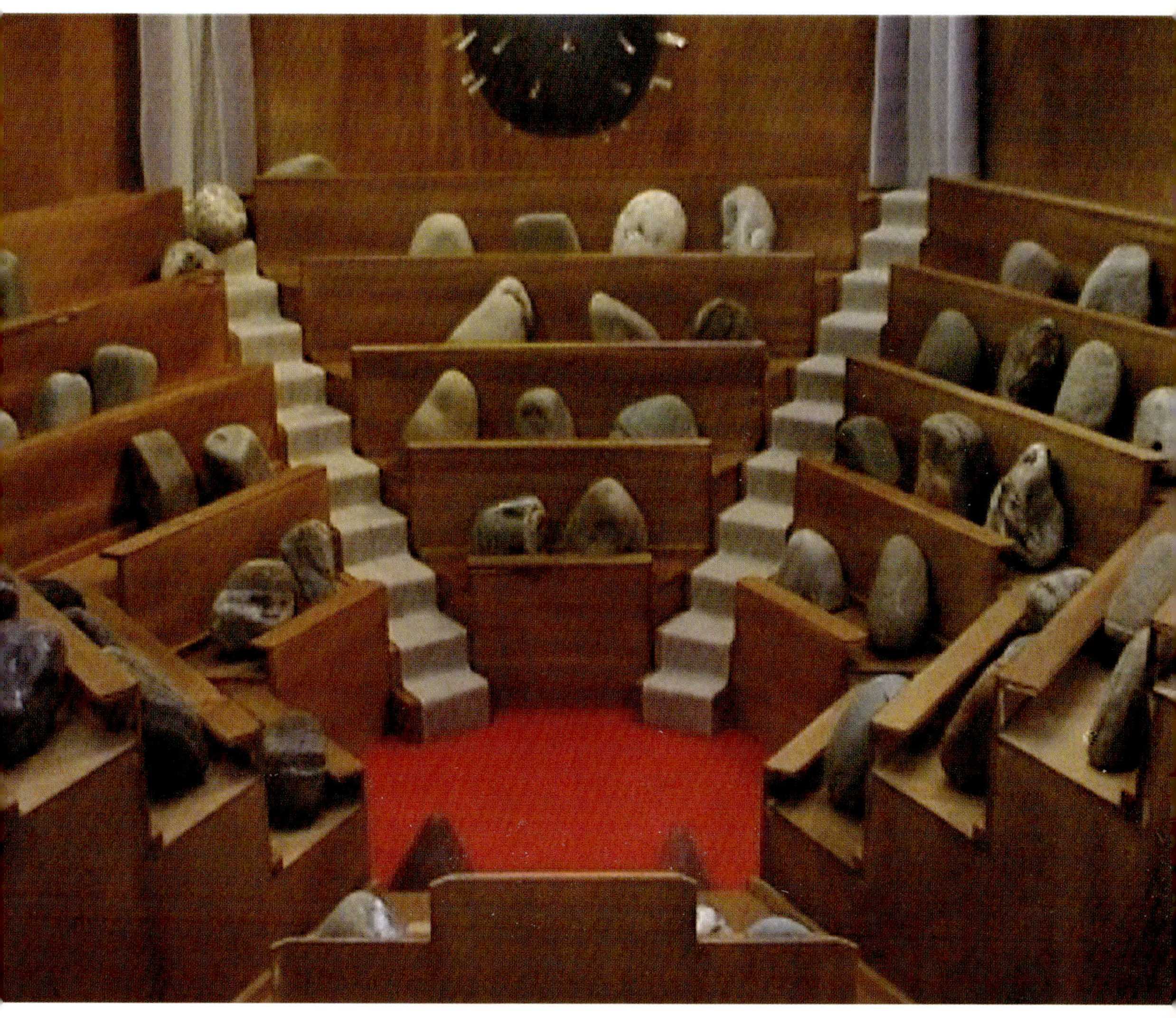

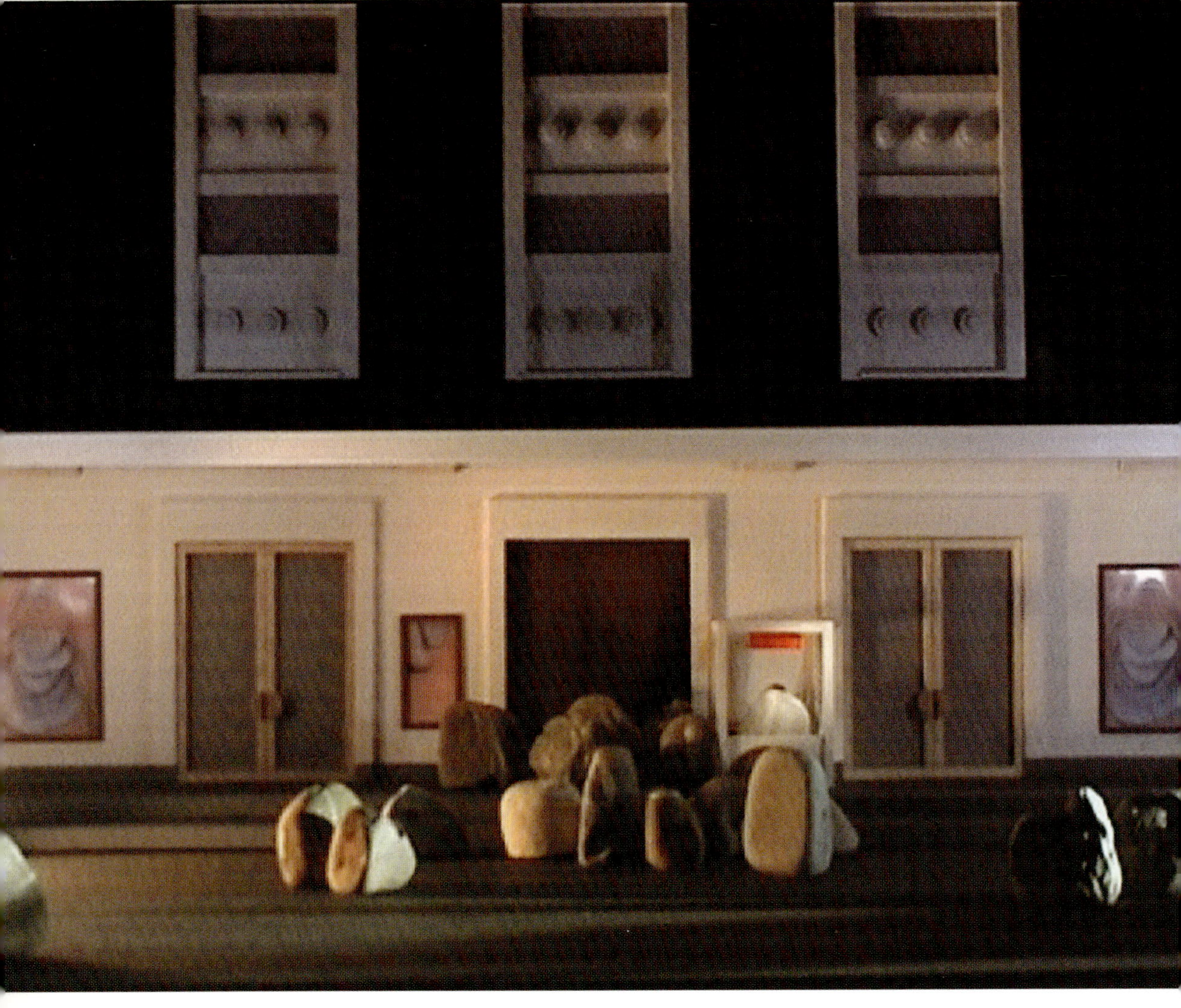

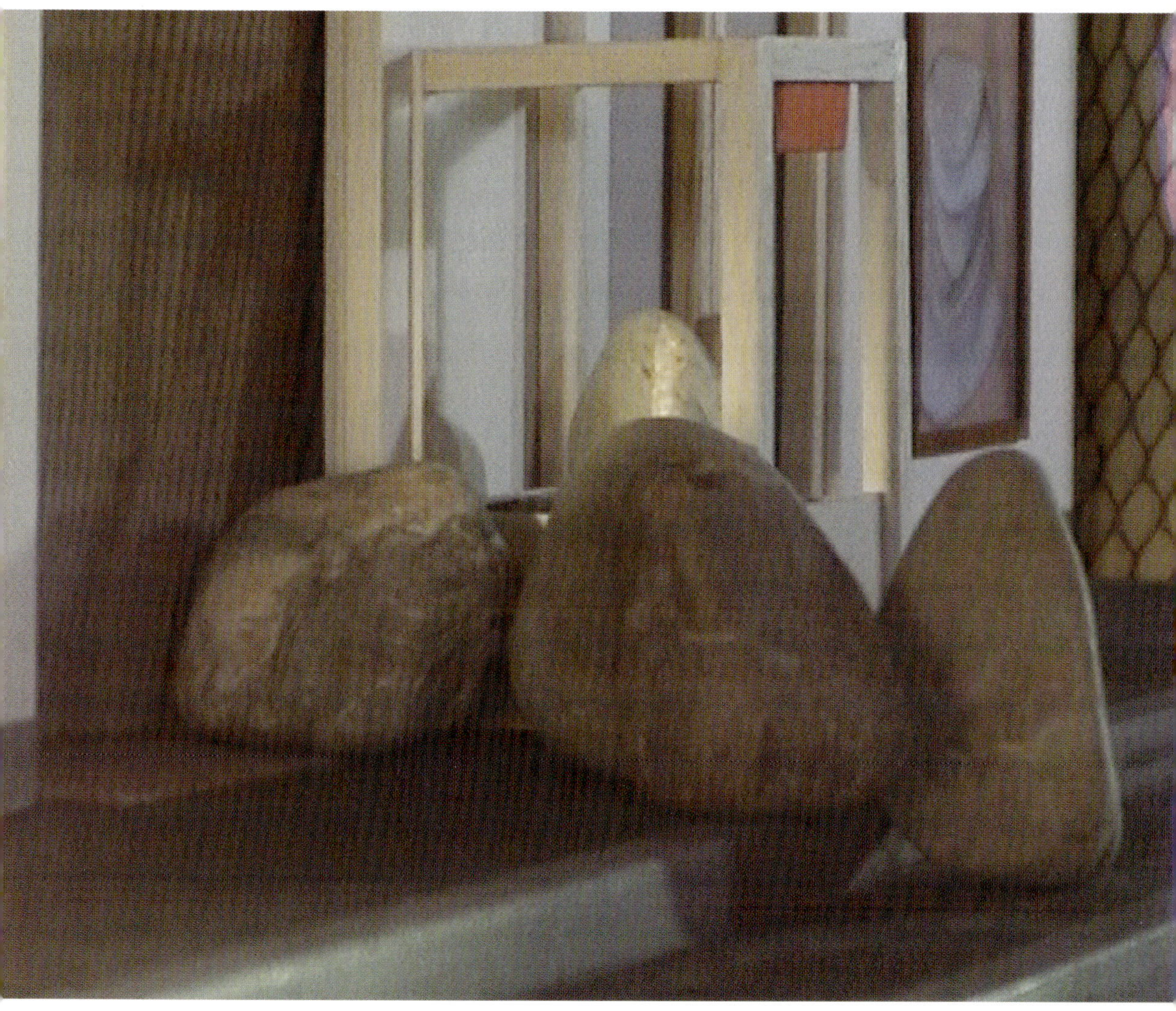

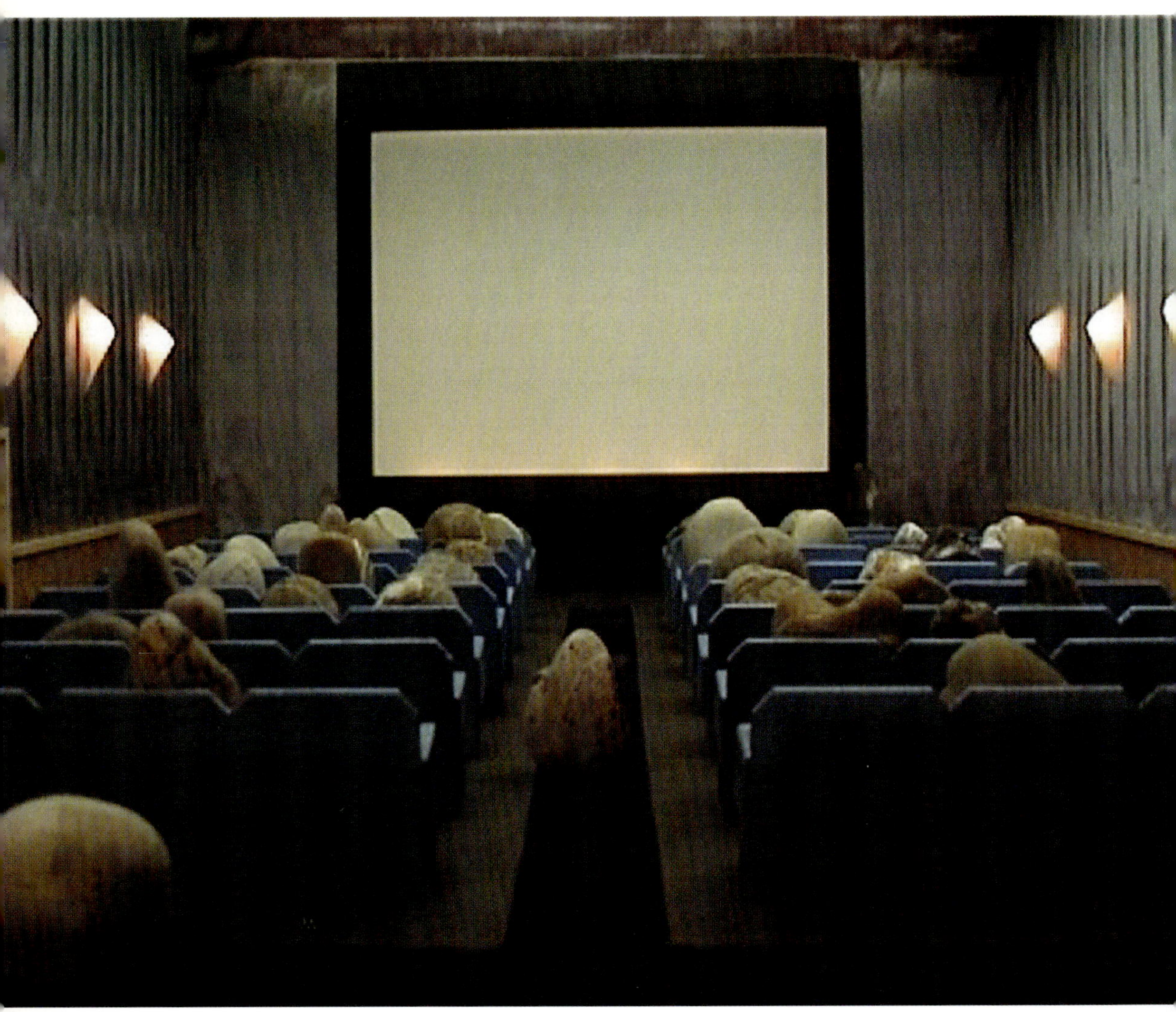

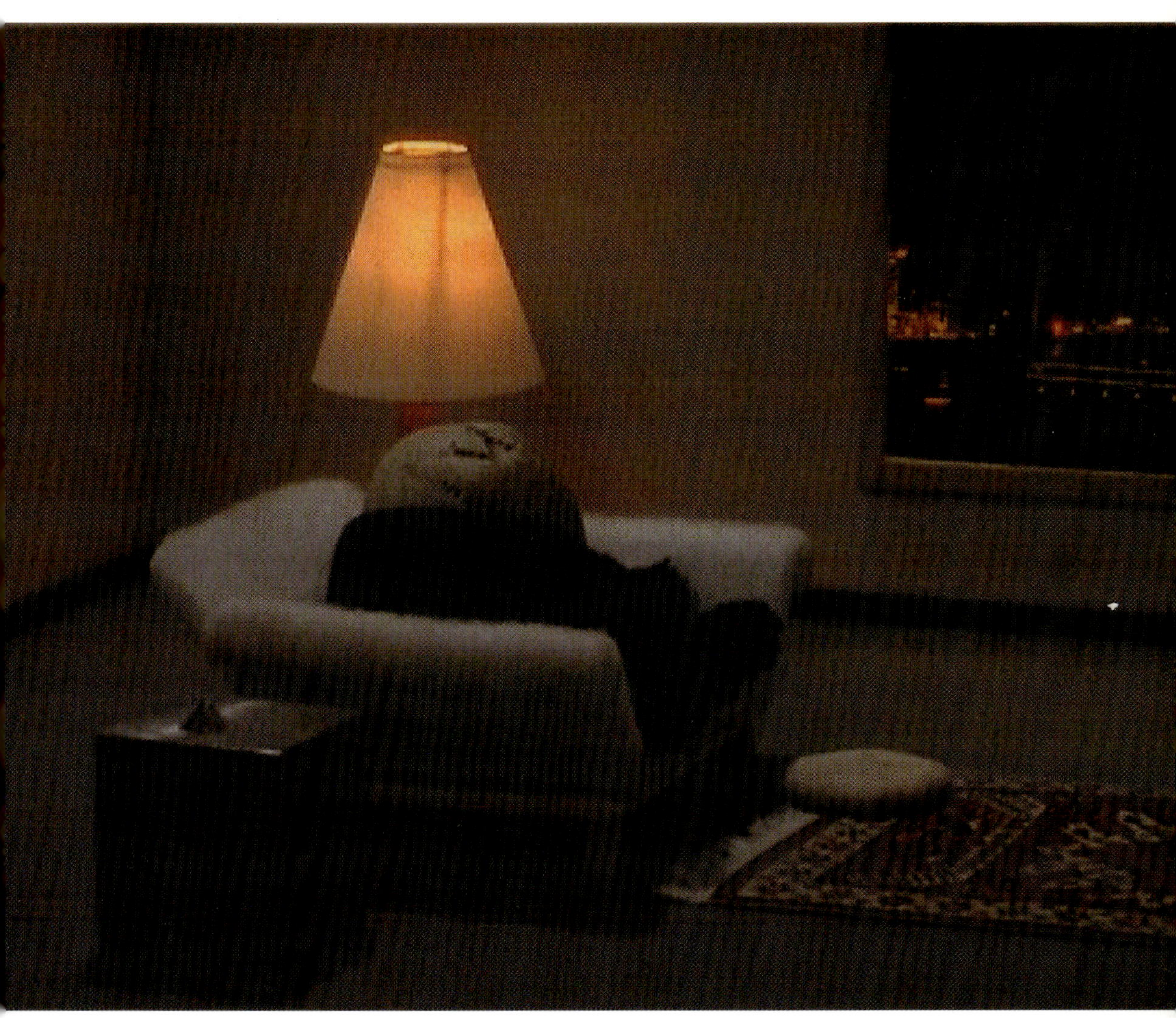

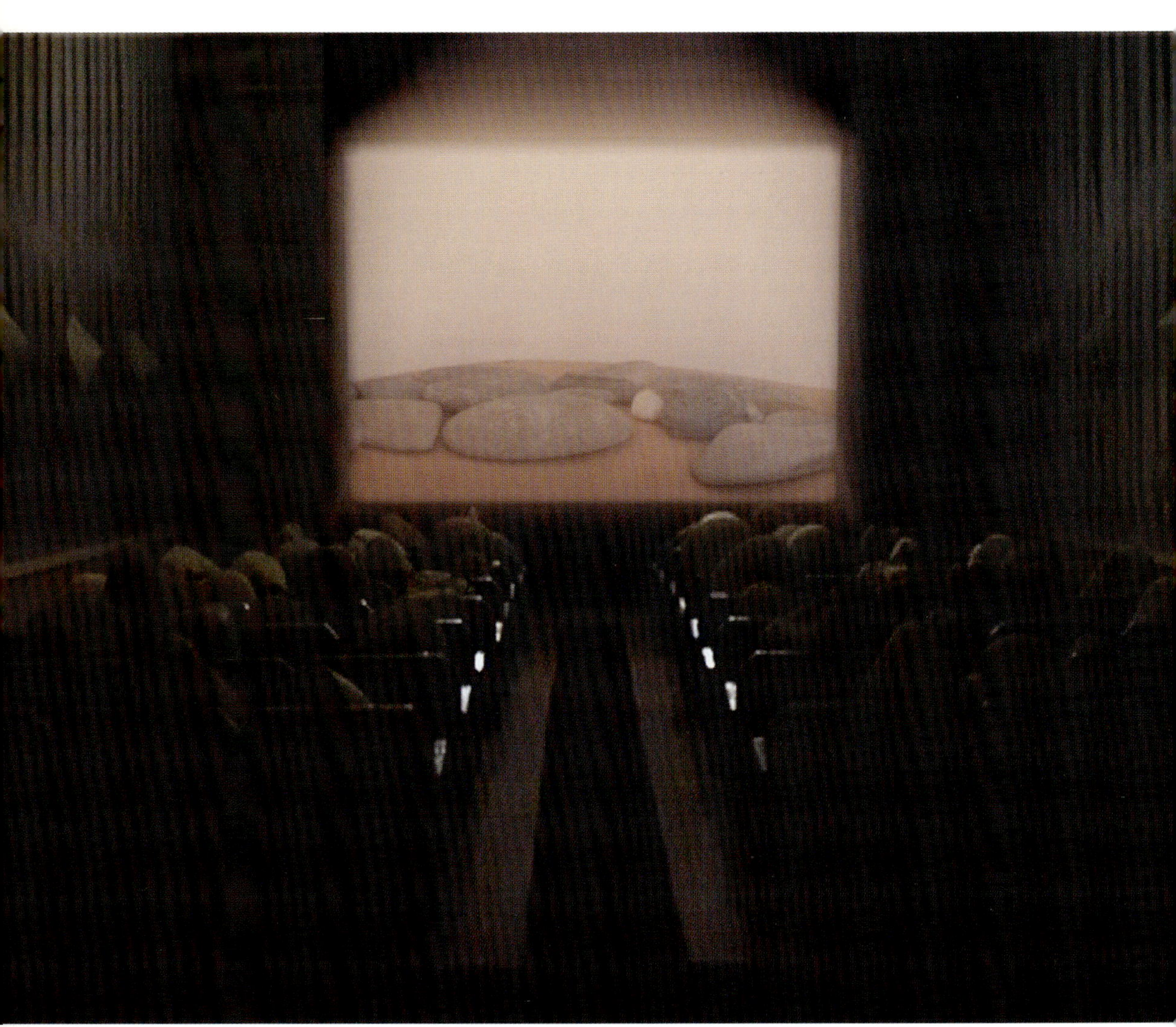

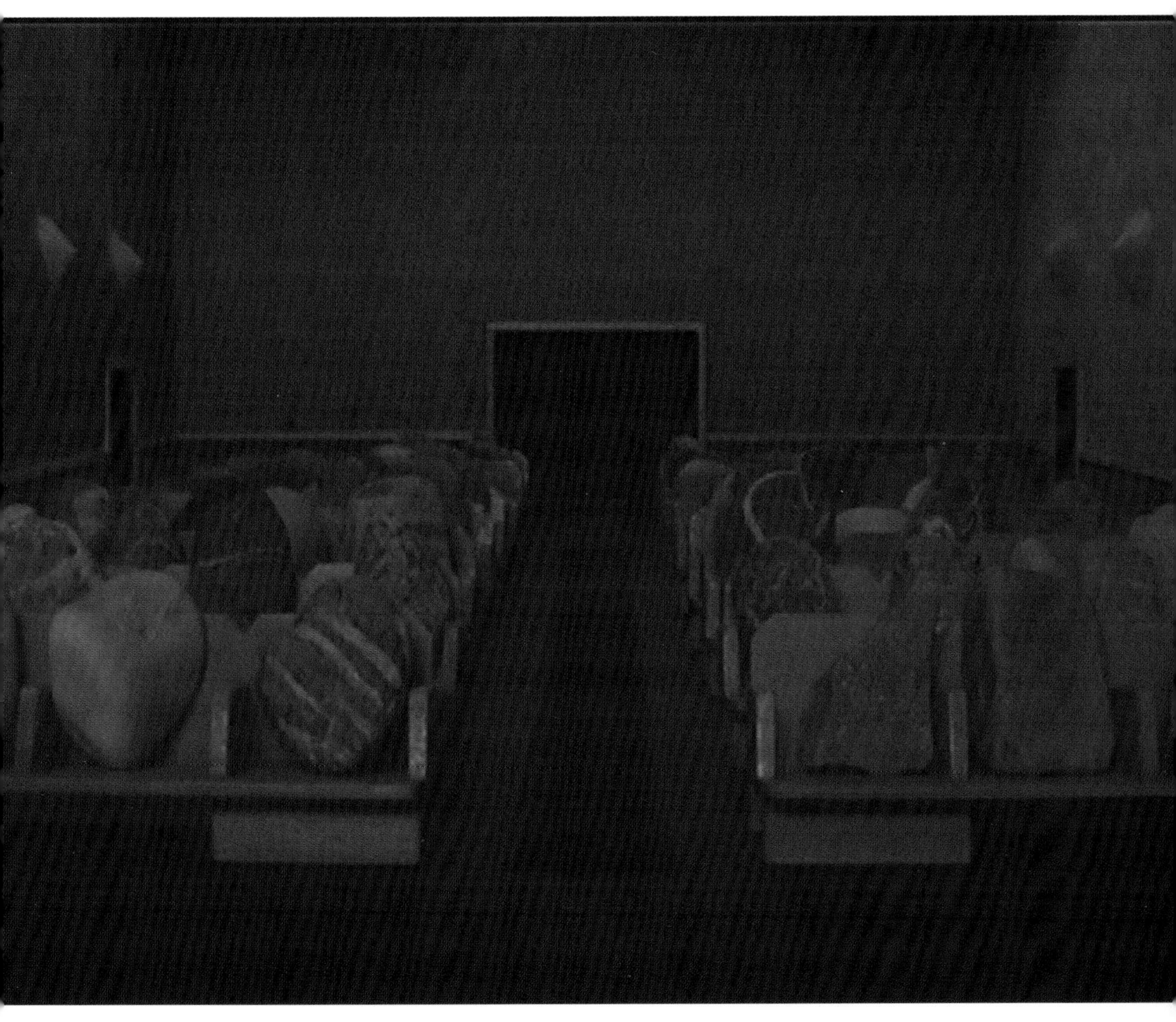

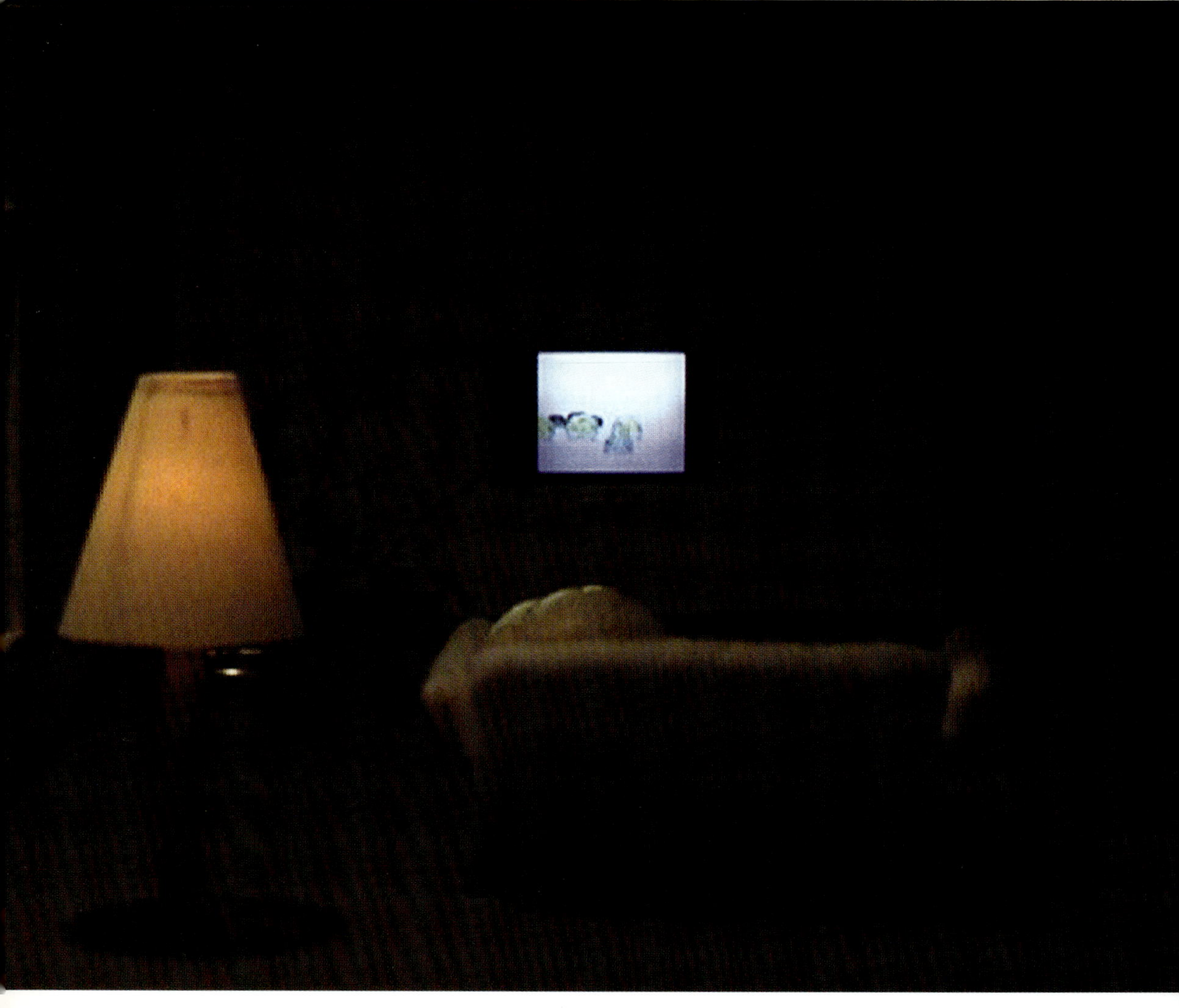

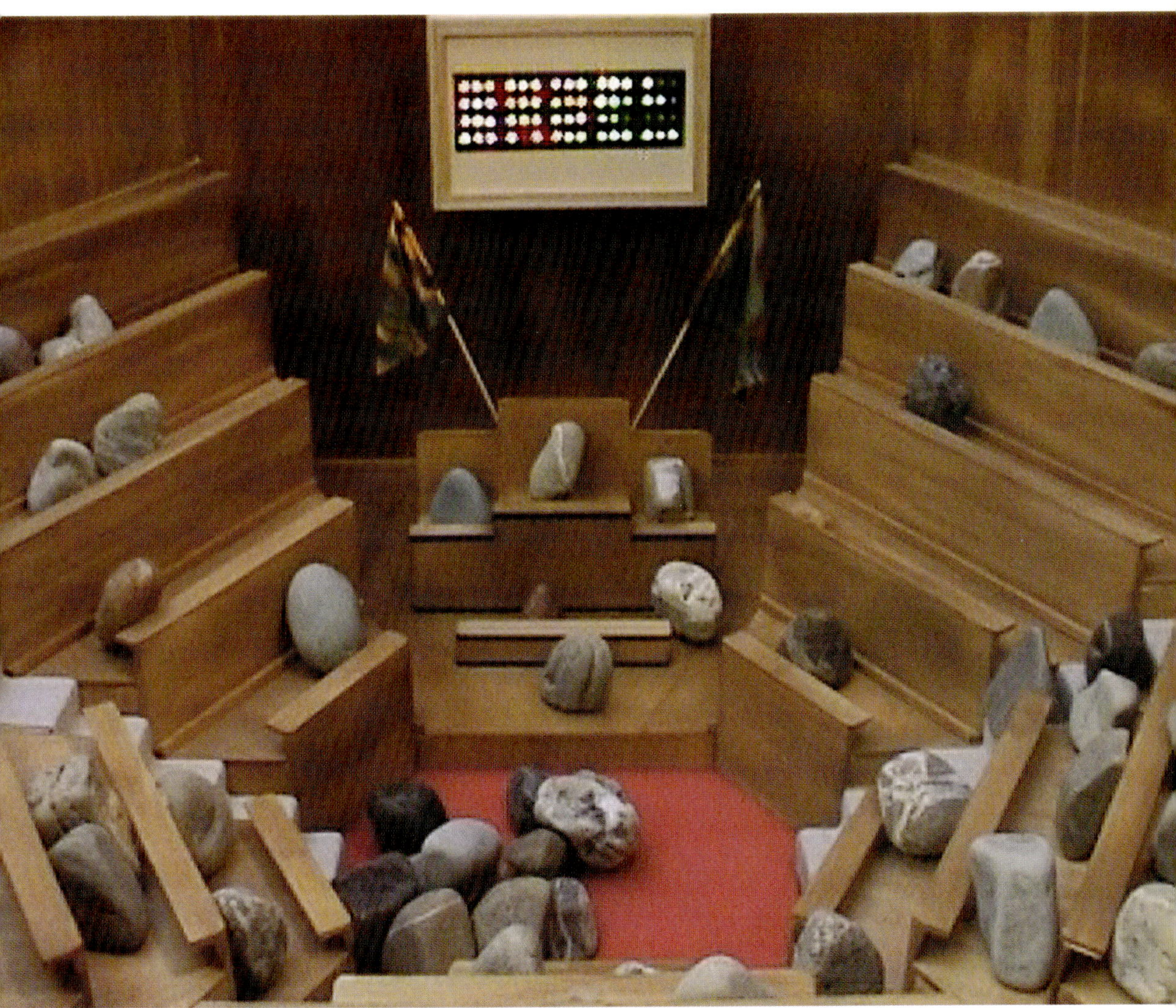

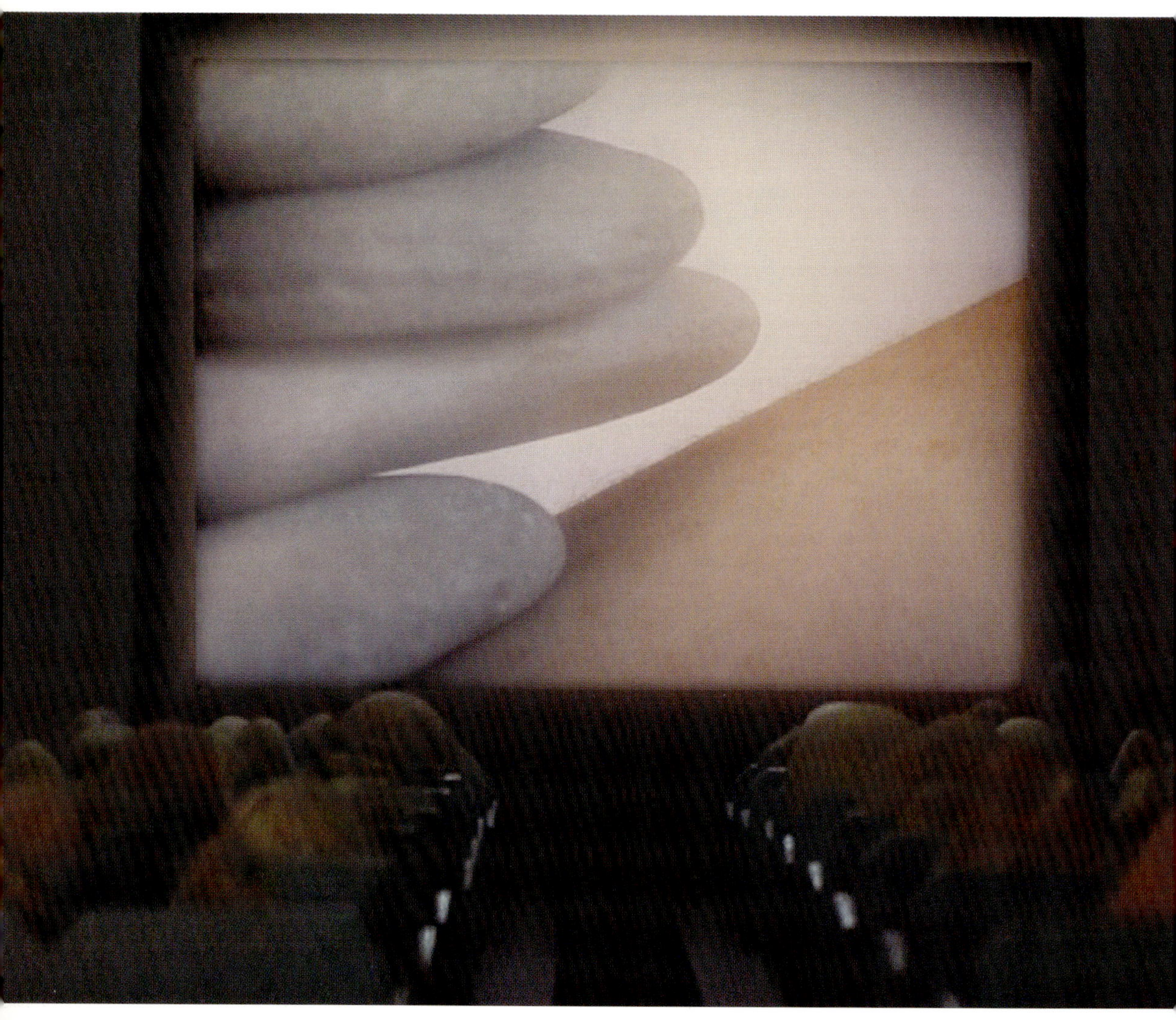

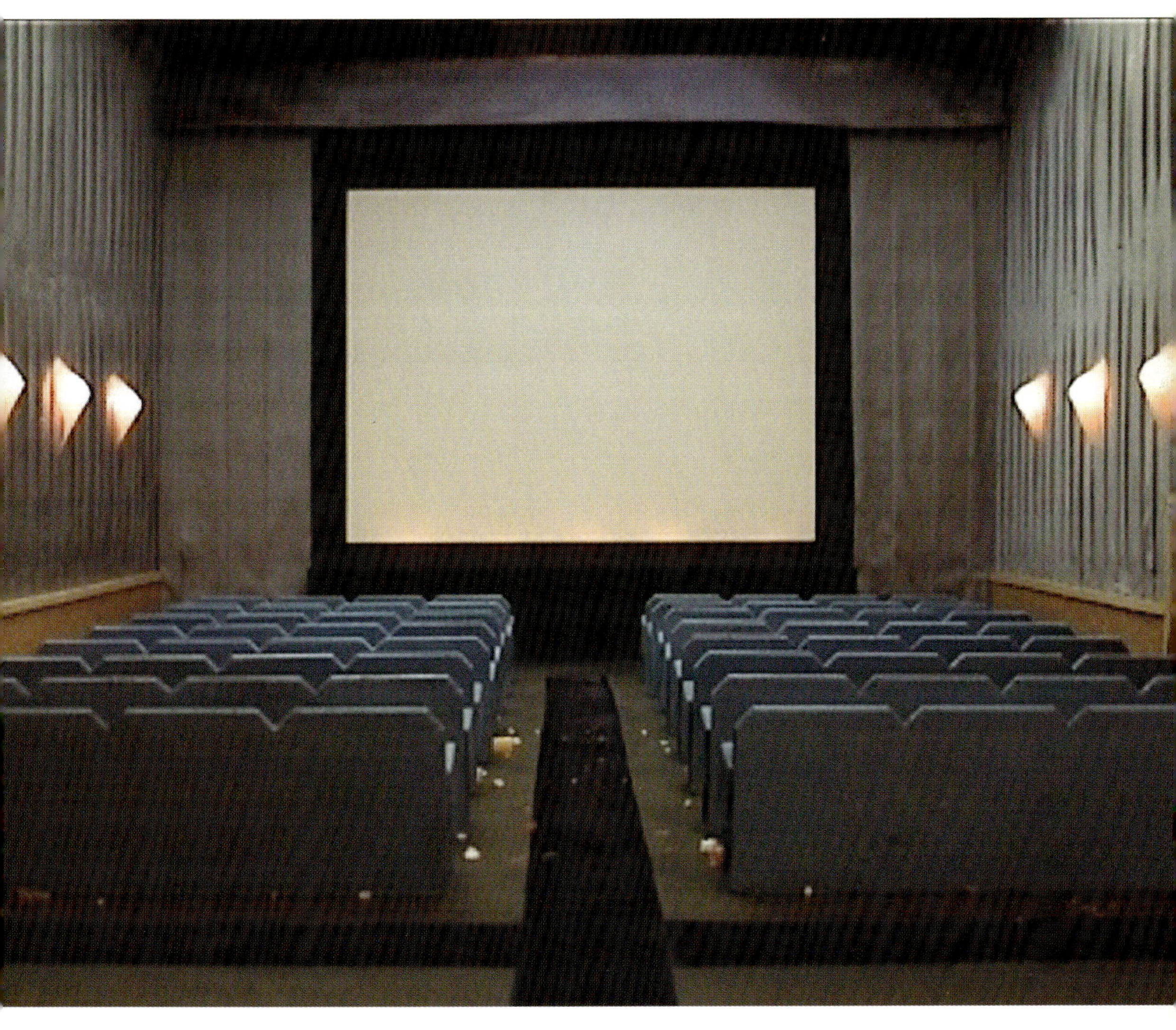

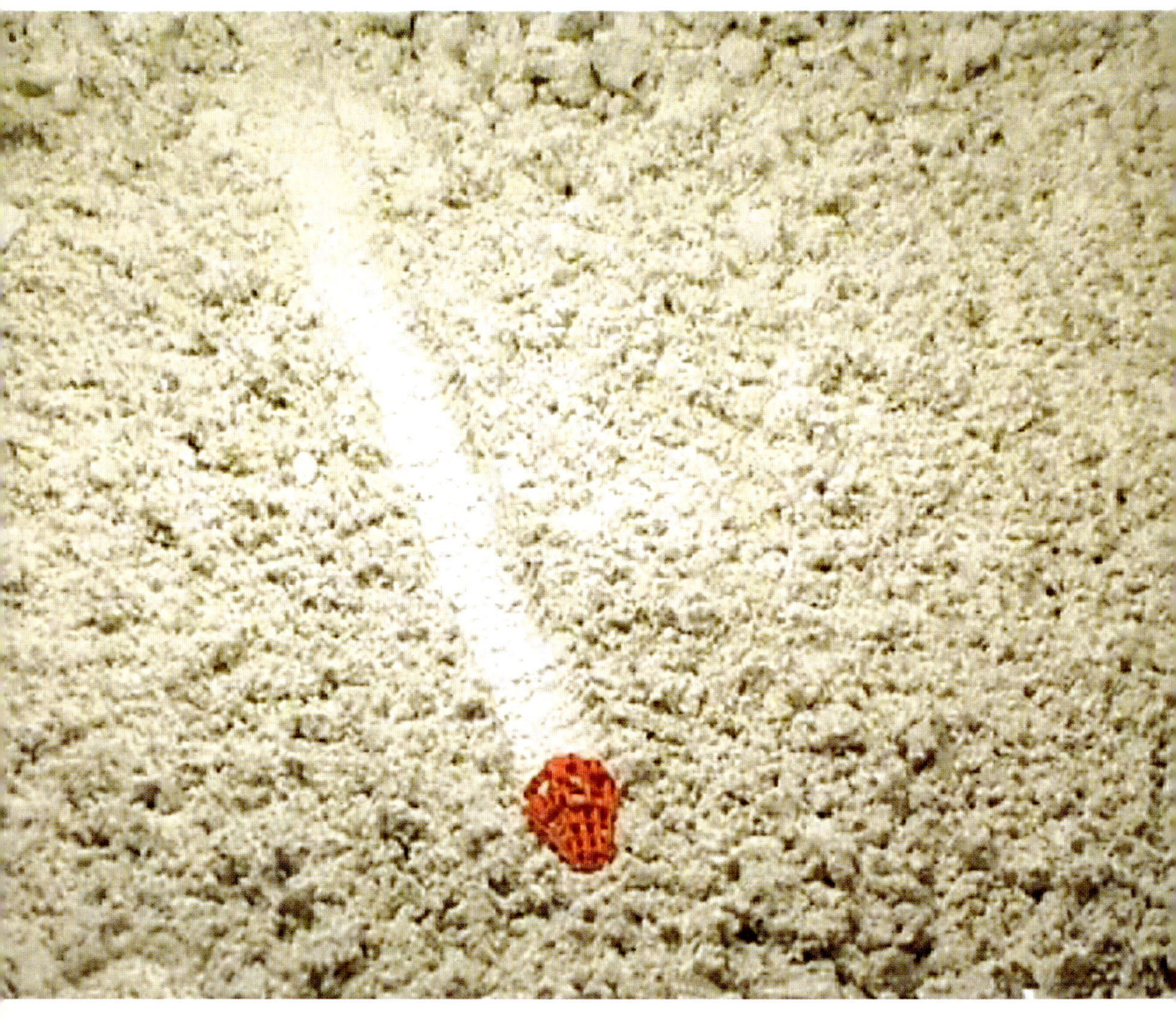

ERA DI UN BELL'AZZURRO, VIOLA, GRIGIO...

IT WAS A BEAUTIFUL BLUE, VIOLET, GREY...

SEDETTI ACCANTO A LEI CERCANDO UN ARGOMENTO DI CONVERSAZIONE. LA CHITARRA, IL CHIHUAHUA...

MI CHIEDEVA PERCHÉ TENGO L'AUDIO SPENTO.

LO SFORZO DI IMMAGINARE MI TIENE SVEGLIA.

BADAVA MOLTISSIMO ALLA MAGIA SESSUALE DEGLI UTENSILI.

SI SONO PRESI CURA DI TE?

COS'ALTRO AVRESTE FATTO VOI?

DOV'È PAPÀ? MA DOV'È PAPÀ?

VERRAI A TESTIMONIARE?

PER QUANTO TEMPO?

CERCHERÒ DI RICORDARE...

LA SOLA COSA SU CUI DEVI CONCENTRARTI
È COME ISPIRARE FIDUCIA.
PER ESEMPIO DEVI ENTRARE CON UN
BEL SORRISO.
TE NE STAI FUORI E PENSI ALLE COSE PIÙ BELLE CHE TI SONO
CAPITATE QUEL GIORNO,
QUELL'ANNO, IN TUTTA
LA VITA... PERCHÉ IL SORRISO DEVE ESSERE VERO.
NON SI PUÒ CONTRAFFARE
IL SORRISO CHE CONVINCE.

OGGI PER ESEMPIO CI SIAMO OCCUPATI DELLA NOSTALGIA.
CHE È QUELLO CHE SI RICORDA CON PIACERE.

FA IN MODO CHE L'ALTRO SALVI LA FACCIA.

I SAT NEXT TO HER TRYING TO FIND SOMETHING TO TALK ABOUT. THE GUITAR, HER CHIHUAHUA…

HE ASKED ME WHY I KEEP THE SOUND TURNED OFF.

THE EFFORT OF USING MY IMAGINATION KEEPS ME AWAKE.

HE WAS VERY INTERESTED IN THE SENSUAL MAGIC OF TOOLS.

DID THEY LOOK AFTER YOU?

WHAT ELSE WOULD YOU HAVE DONE?

WHERE'S DAD? JUST WHERE IS DAD?

WILL YOU COME AND TESTIFY?

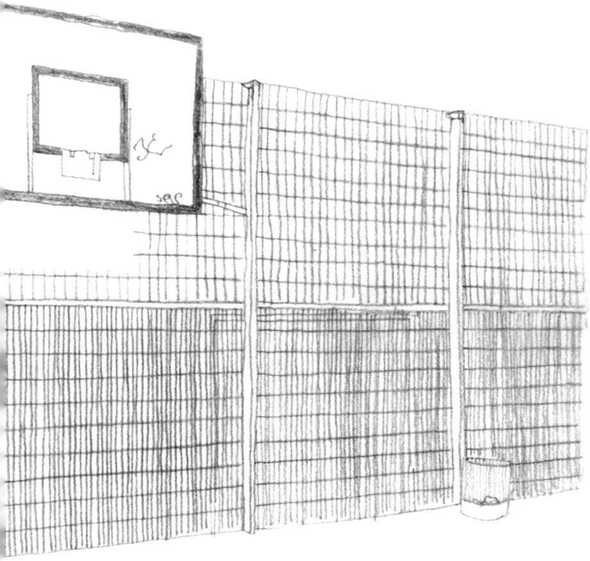

FOR HOW LONG?

I'LL TRY AND REMEMBER…

THE ONLY THING YOU HAVE TO CONCENTRATE ON IS HOW
TO INSPIRE CONFIDENCE.
FOR EXAMPLE, YOU HAVE TO WALK IN WEARING
A BIG SMILE.
YOU SIT OUTSIDE THINKING ABOUT ALL THE GOOD THINGS
THAT HAVE HAPPENED TO YOU THAT DAY, OR THAT YEAR, OR
IN YOUR LIFE…BECAUSE THAT SMILE HAS TO BE REAL.
YOU CAN'T BEAT A WINNING SMILE.

TODAY, FOR EXAMPLE, WE DISCUSSED NOSTALGIA.
IT IS EVERYTHING THAT WE REMEMBER WITH PLEASURE.

YOU SHOULDN'T MAKE THE OTHERS LOSE FACE.

LA STUPIDITÀ ERA LA SUA DOTE PIÙ GRANDE.

ERA QUINDI UN UOMO MOLTO UTILE.

MA PERCHÉ HA SCELTO QUESTO LAVORO?

NON PRENDERMI PER IL CULO.

IL MIO PROFILO MIGLIORE È IL SINISTRO.

QUELLA LEGNA È MIA.
ASPETTO MIO FIGLIO PER PORTARLA VIA.
COSA STATE FACENDO? QUELLA È MIA.

ANCHE LA MAESTRA È MORTA. ANCHE IL DOTTORE, TERRA DA PIGNATTE.

ADESSO STO ATTENTO A QUELLO CHE DICO ANCHE AGLI AMICI.

CHE POI NON È PIÙ TORNATO.

NON SONO D'ACCORDO.

È SUA LA R? BISOGNERÀ CERCARNE UN'ALTRA.

QUESTO MI COLPISCE SOPRATTUTTO D'ESTATE.

COSA VUOLE DIRE SOMIGLIANZA, LO SA LEI?

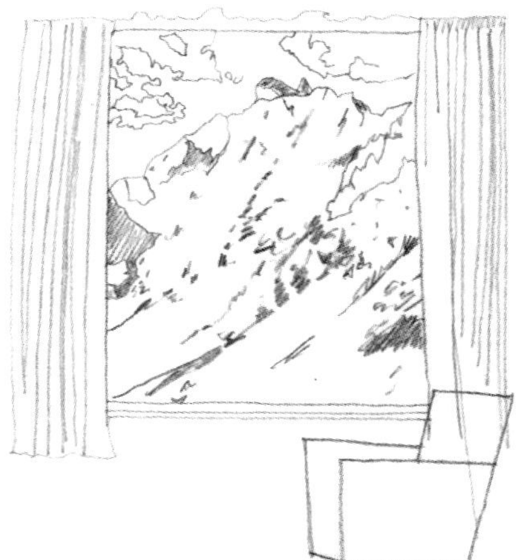

UN MOMENTO FA HO VISTO UN GRAZIOSO LAGO DIETRO DI L

MI INTERESSANO MOLTO
LE COSE CHE STANNO
PER DIRSI.

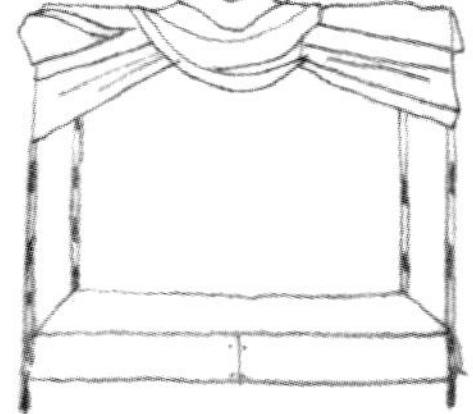

QUELLO CHE MI SERVE SONO LE VISIONI E I FUOCHI D'ARTIFICIO.

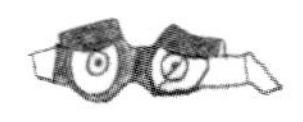

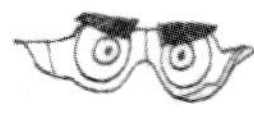

LE PAROLE POSSONO SERVIRE ANCHE DA COPERTA.

STUPIDITY WAS HIS GREATEST GIFT.

SO HE WAS A VERY USEFUL MAN.

BUT WHY HAVE YOU CHOSEN THIS JOB?

DON'T TAKE THE PISS OUT OF ME.

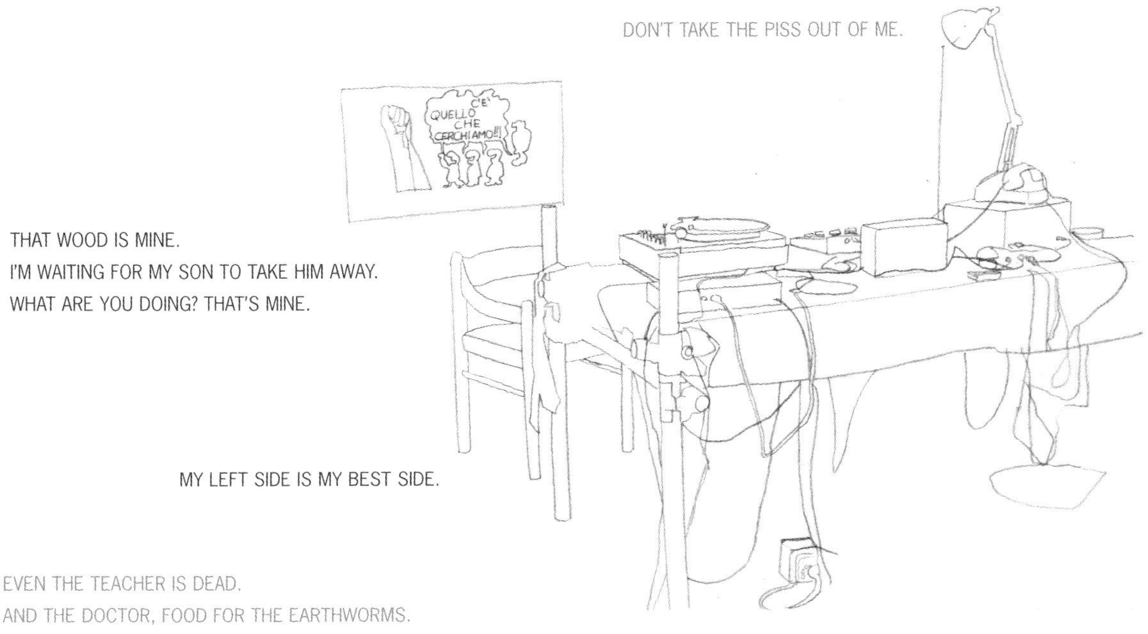

THAT WOOD IS MINE.
I'M WAITING FOR MY SON TO TAKE HIM AWAY.
WHAT ARE YOU DOING? THAT'S MINE.

MY LEFT SIDE IS MY BEST SIDE.

EVEN THE TEACHER IS DEAD.
AND THE DOCTOR, FOOD FOR THE EARTHWORMS.

NOWADAYS I'M EVEN CAREFUL ABOUT WHAT I SAY TO MY FRIENDS.

AND THEN IT DIDN'T COME BACK.

I DON'T AGREE.

IS THIS HIS R? WE'LL HAVE TO LOOK FOR ANOTHER ONE.

IT GETS TO ME MOST IN THE SUMMER.

WHAT DOES SIMILARITY MEAN?
DO YOU KNOW?

FOR A MOMENT I SAW A BEAUTIFUL
LAKE BEHIND HER.

I'M VERY INTERESTED IN WHAT THEY'RE ABOUT
TO SAY TO EACH OTHER.

WHAT I NEED ARE VISIONS AND FIREWORKS.

WORDS CAN ALSO BE USED AS A SHIELD.

PER DUE VOLTE PERDETTI LA STRADA
PASSEGGIANDO TRA I BOSCHI ALLA RICERCA DI FIORI PER LA BOTTIGLIA VERDE.

DOV'È IL MIO TEMPERINO?

QUAND'È CHE L'HO USATO PER L'ULTIMA VOLTA?

SAPETE QUAND'È CHE CI SI ACCORGE CHE UNA COSA NON SI DIMENTICHERÀ MAI?

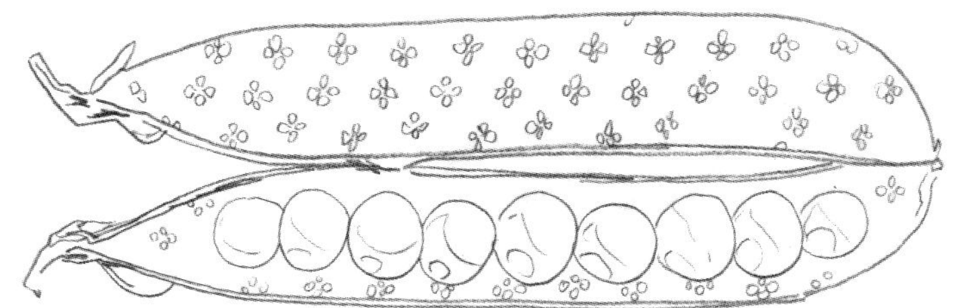

CIOÈ LI TERRORIZZAVA? SÌ, SÌ.

TU SEI UN CAVALLO DAGLI ZOCCOLI D'ORO.

COS'ERA CHE LO AVEVA FATTO SORRIDERE?

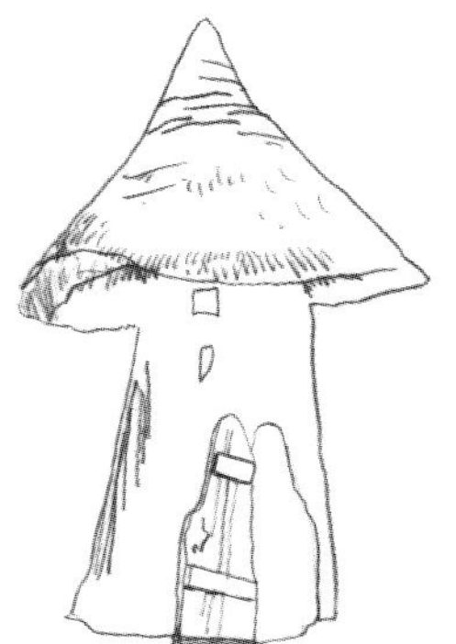

PROBABILMENTE LA NOTTE SCORSA NON HAI DORMITO BENE.

FORSE MENTRE DORMI TI TORNERANNO LE PAROLE.

COSA CAPITAVA QUEL GIORNO CHE ERO COSÌ UBBIDIENTE.

SEI LA MIA REGINA. REALIZZERÒ TUTTI I TUOI SOGNI.

NON SONO STATO IO È STATO IL MIO PERSONAGGIO.

PROBABILMENTE I NOSTRI PERSONAGGI DEVONO SALTARSI ADDOSSO.

A QUANTO PARE PRIMA TUTTO ERA QUALCOS'ALTRO.

LA CAFFETTIERA È TROPPO.

WHERE'S MY PENKNIFE?

WHERE DID I USE IT LAST?

DO YOU KNOW WHEN IT IS THAT YOU REALIZE THAT YOU'LL REMEMBER SOMETHING FOREVER?

AND WAS HE SCARED OF THAT? YES, YES.

YOU'RE A HORSE WITH GOLDEN HOOVES.

WHAT MADE HIM SMILE?

PROBABLY YOU DIDN'T SLEEP TOO WELL LAST NIGHT.

MAYBE THE WORDS WILL COME BACK TO YOU WHILE YOU'RE ASLEEP.

WHAT HAPPENED THAT DAY WHEN I WAS SO GOOD.

YOU ARE MY QUEEN. I SHALL MAKE ALL YOUR DREAMS COME TRUE.

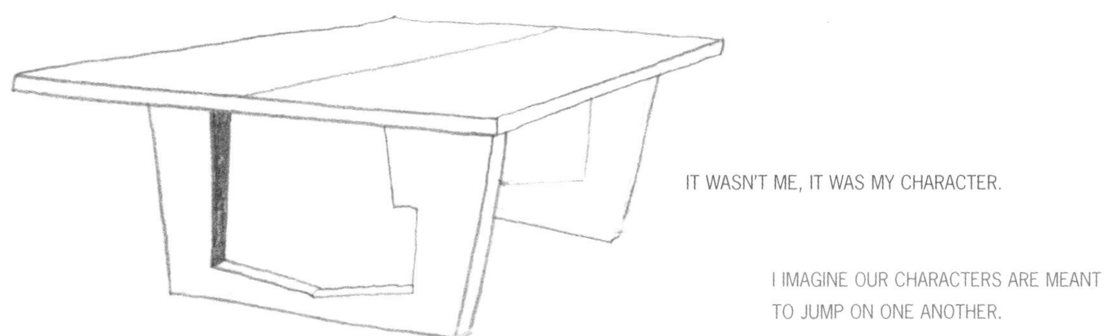

IT WASN'T ME, IT WAS MY CHARACTER.

I IMAGINE OUR CHARACTERS ARE MEANT
TO JUMP ON ONE ANOTHER.

AS FAR AS I CAN SEE, EVERYTHING WAS SOMETHING ELSE BEFORE.

THE COFFEE POT IS JUST TOO MUCH.

DIVENNE UN MILIARDARIO MOLTO ECCENTRICO.
SI SPOSTAVA SOLAMENTE A PIEDI E VESTIVA COME UN BARBONE. E POI SI RADEVA LE ASCELLE CON ACQUA PIOVANA.

IO NE HO VISTI TRE, MA NON RICORDO LA SEQUENZA.

QUANDO VANNO VIA LE LETTERINE TORNA LA BOCCA.

IN CHE MODO POTREMMO PASSARE UNA PIACEVOLE SERATA?

PASSO PER UNA FORESTA SENZA LEGNA.
BUSSO AD UNA PORTA E MI RISPONDONO TUTTI.
PIÙ ANDRÒ AVANTI NEL RACCONTO,
PIÙ BUGIE VI DIRÒ.
NON SONO PAGATO PER DIRVI LA VERITÀ.

QUANDO VIENE L'INVERNO MI GRATTO SEMPRE COME UNA BESTIA.

IL 16.

I COLORI DELLA FARMACIA.

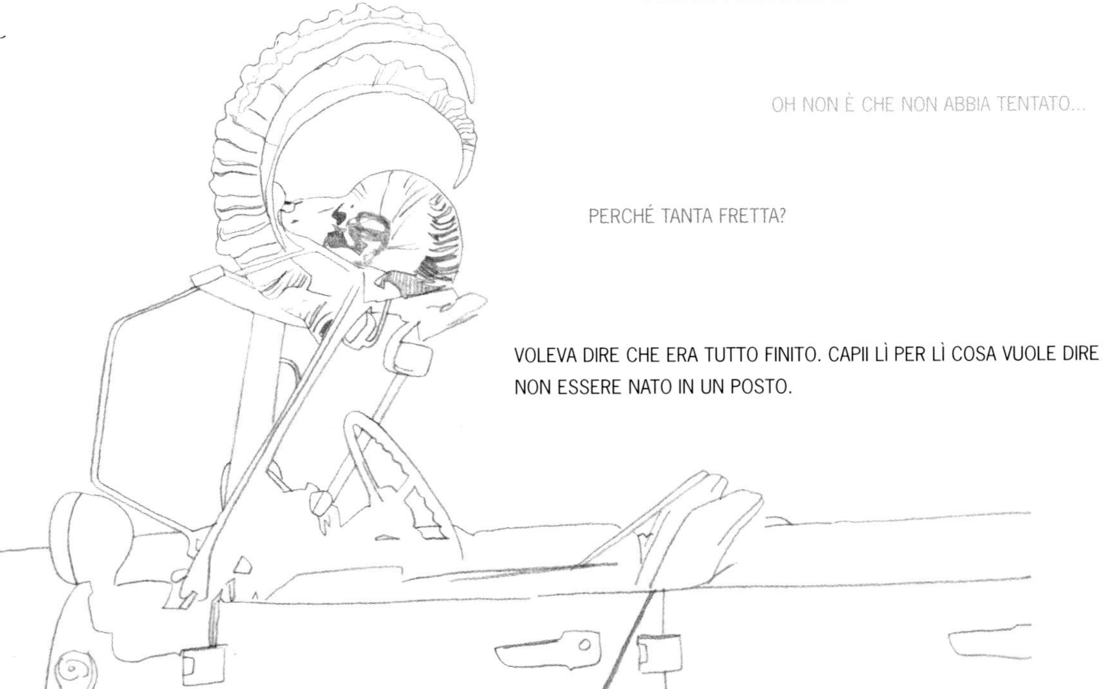

OH NON È CHE NON ABBIA TENTATO...

PERCHÉ TANTA FRETTA?

VOLEVA DIRE CHE ERA TUTTO FINITO. CAPII LÌ PER LÌ COSA VUOLE DIRE
NON ESSERE NATO IN UN POSTO.

HE BECAME AN ECCENTRIC MILLIONAIRE.
SHE WALKED EVERYWHERE AND DRESSED LIKE A TRAMP. AND THEN SHE SHAVED HER ARMPITS WITH RAIN WATER.

I SAW THREE OF THEM BUT I DON'T REMEMBER IN WHAT ORDER.

WHEN THE LETTERS FLY AWAY THEN THE MOUTH RETURNS.

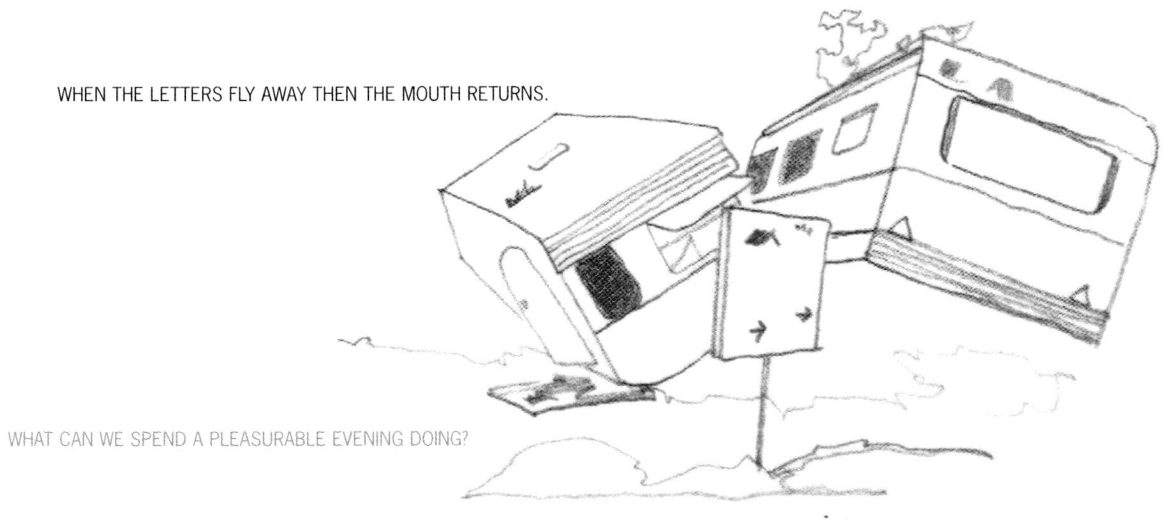

WHAT CAN WE SPEND A PLEASURABLE EVENING DOING?

I WALK THROUGH A FOREST WITH NO WOOD.
KNOCK AT A DOOR AND EVERYONE ANSWERS.
THE MORE I TELL OF THIS STORY, THE MORE LIES
I SHALL TELL.
I'M NOT PAID TO TELL YOU THE TRUTH.

WHEN WINTER COMES I SCRATCH MYSELF LIKE AN ANIMAL.

THE NUMBER SIXTEEN.

THE COLORS OF THE PHARMACIST.

IT'S NOT AS IF I DIDN'T TRY...

WHY IN SUCH A HURRY?

SHE WANTED TO TELL ME IT WAS ALL OVER. AT THAT VERY MOMENT I UNDERSTOOD WHAT IT MEANS TO NOT BE BORN IN THAT PLACE.

QUELL'ULTIMA VOLTA, APPARTENEVA
A LEI QUANTO TUTTE LE VOLTE PRECEDENTI.

NON SCADIAMO NEL SOCIALE.

LA SUA CARA PICCOLA GROTTA.
LA SUA CARA PICCOLA MATITA.
È UNA CASA CHE FA SCAPPARE TUTTO.
SÌ, SÌ QUANDO CI SARÒ SALTERÒ SULLA SCHIENA
DI UN'ALTRA.

C'È QUALCUNO?

CHE COSA TI STAVO DICENDO?

È MOLTO PROFONDO GRAZIE.

TUTTAVIA IMPLORAVA PIETÀ.

CI VUOLE UN ALTRO TAVOLO.

PER MALE CHE VADA LASCIATEMI.

UNA COSA CHE DEVE SUCCEDERE INTERESSA TUTTI QUANTI.

AL SUON DELL'ALBERO CHE CADE...

COME UNA REGINA LE CUI GUARDIE SIANO CADUTE.

MILIONI DI COSE.

SÌ CERTO. MA CHE SENSO HANNO LE TUE FESTE?

L'OCCHIO ANOMALO.

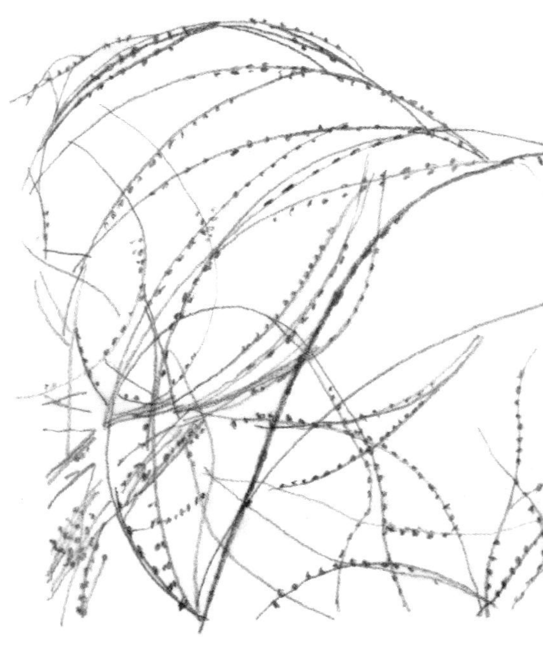

THE LAST TIME WAS HERS AS MUCH AS THE PREVIOUS TIMES.

LET'S NOT LOWER OURSELVES TO THE SOCIAL.

HER DEAR LITTLE CAVE.
HER DEAR LITTLE PENCIL.
IT'S A HOUSE THAT SCARES AWAY EVERYONE.
YES, YES WHEN I'M THERE I'LL JUMP ON SOMEONE ELSE'S BACK.

IS THERE ANYONE THERE?

WHAT WAS I SAYING?

IT IS WITH PROFOUND GRATITUDE.

NEVERTHELESS HE WAS STILL BEGGING FORGIVENESS.

WE NEED ANOTHER TABLE.

HOWEVER BAD IT GETS, LEAVE ME.

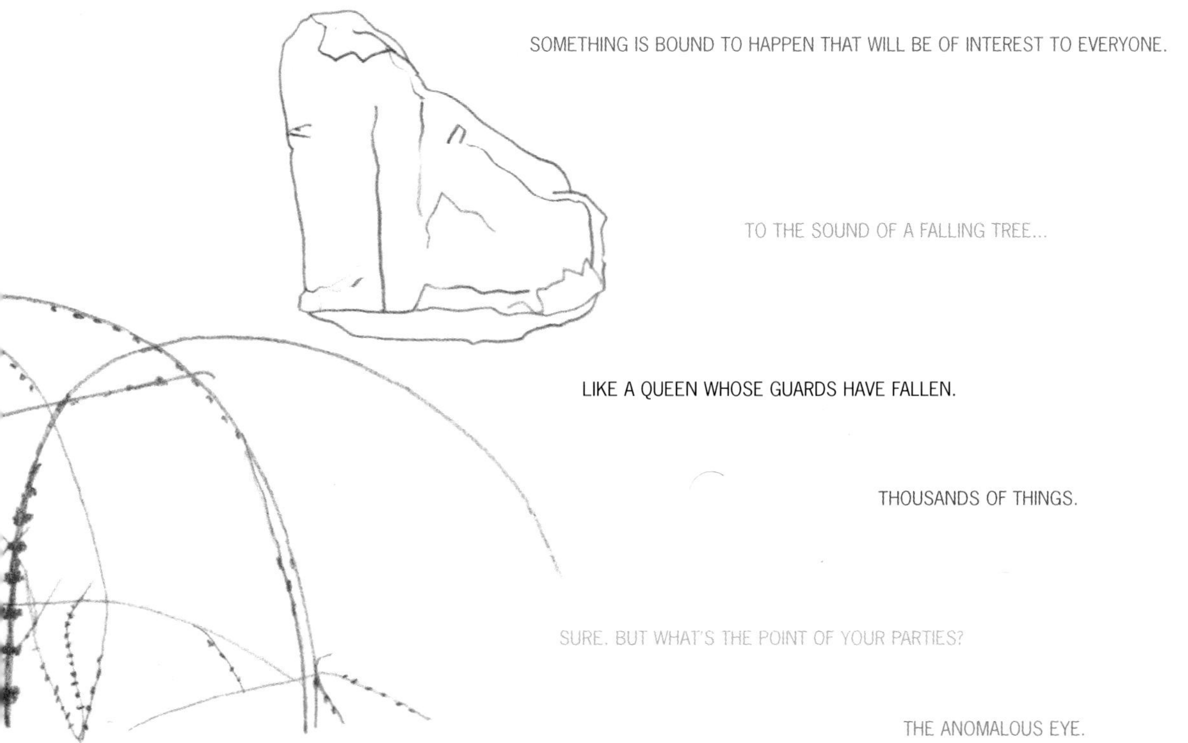

SOMETHING IS BOUND TO HAPPEN THAT WILL BE OF INTEREST TO EVERYONE.

TO THE SOUND OF A FALLING TREE...

LIKE A QUEEN WHOSE GUARDS HAVE FALLEN.

THOUSANDS OF THINGS.

SURE. BUT WHAT'S THE POINT OF YOUR PARTIES?

THE ANOMALOUS EYE.

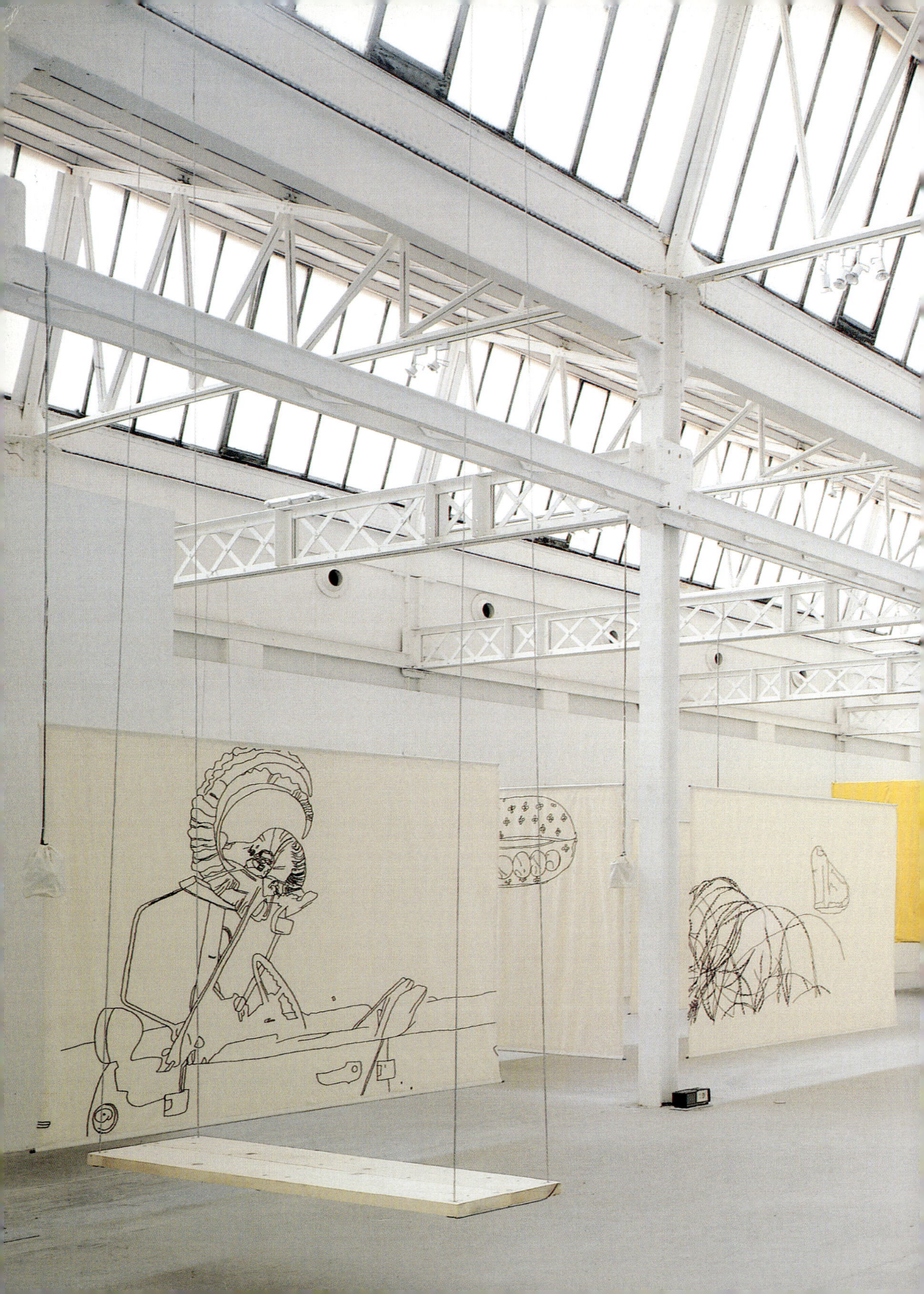

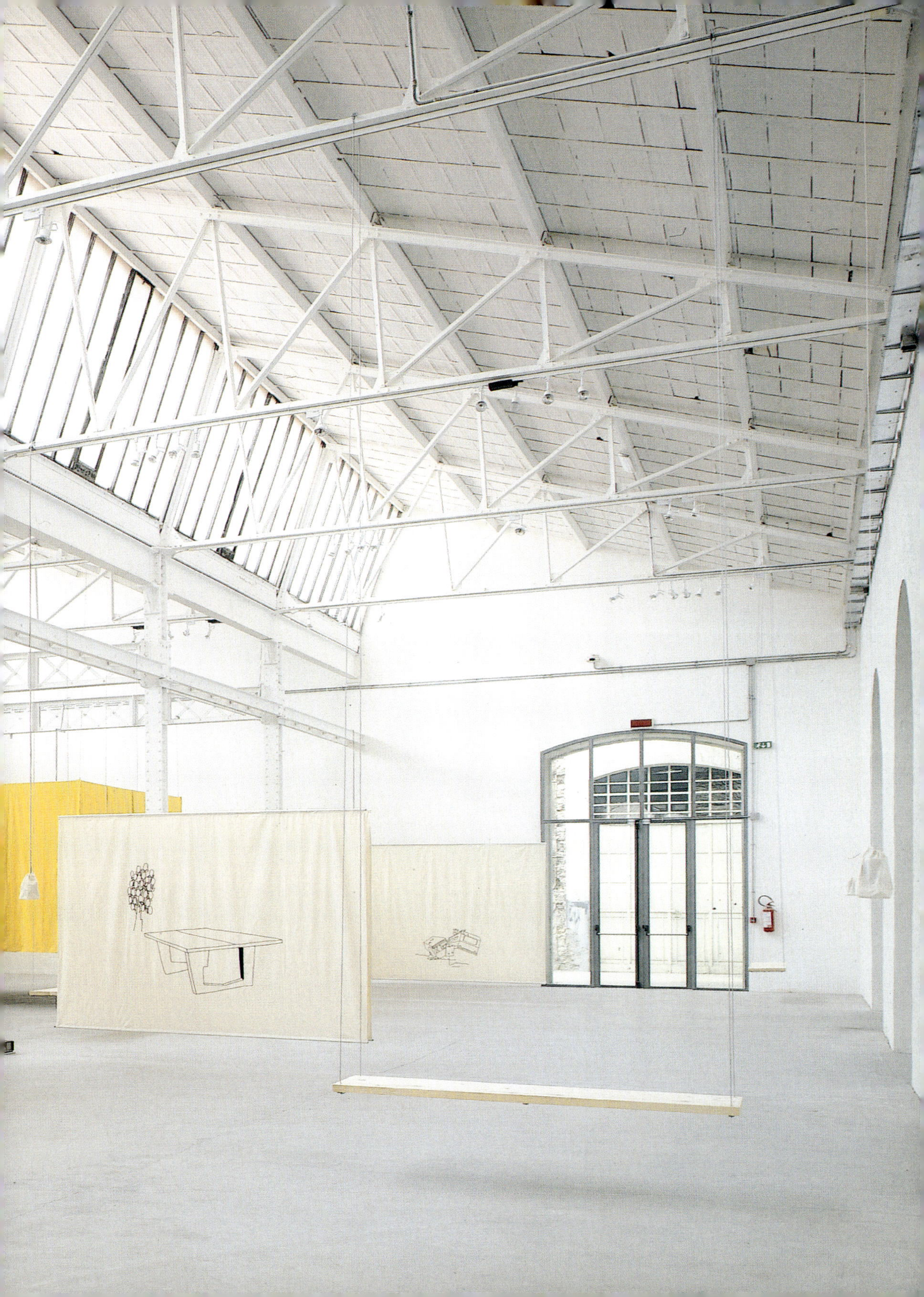

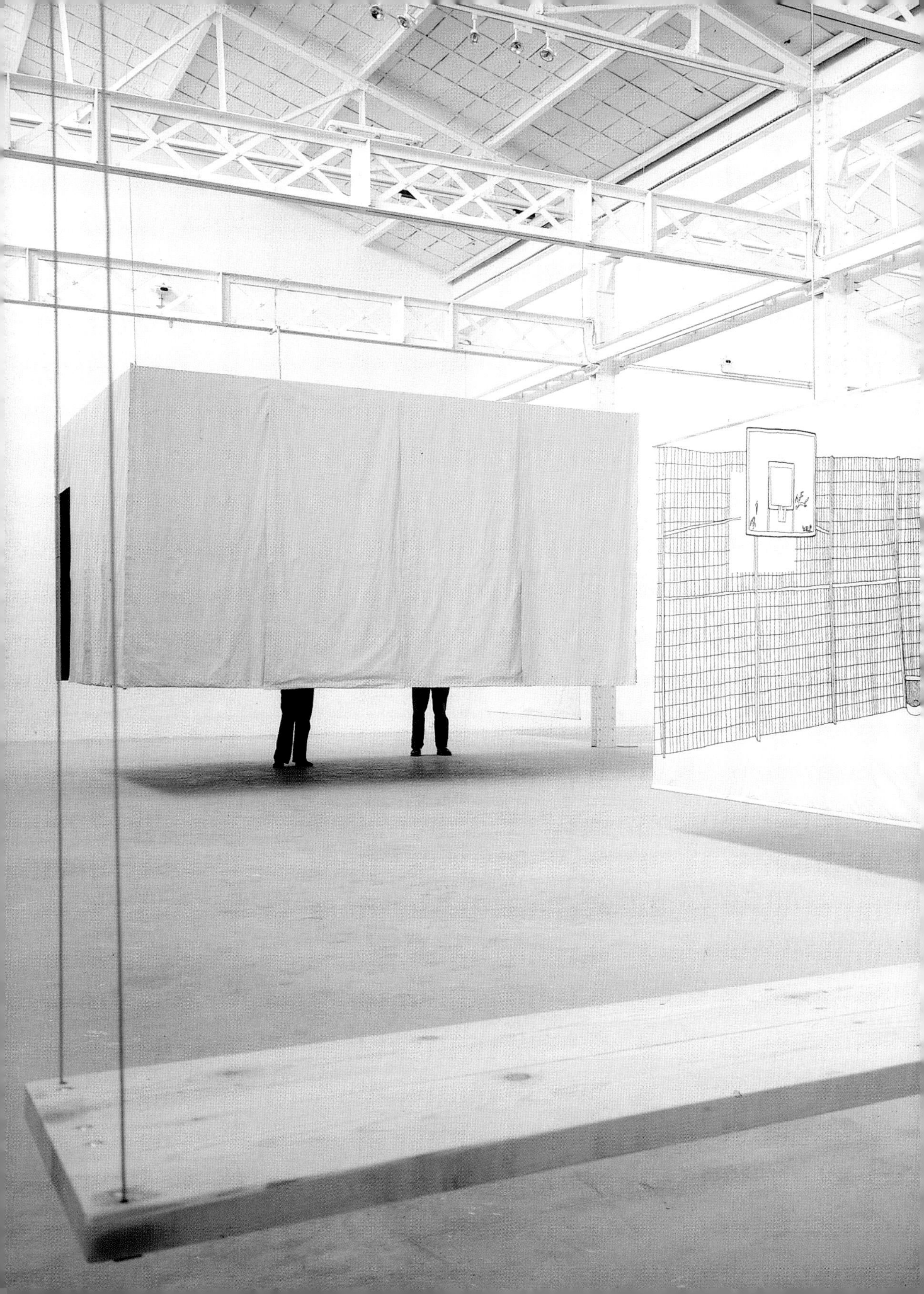

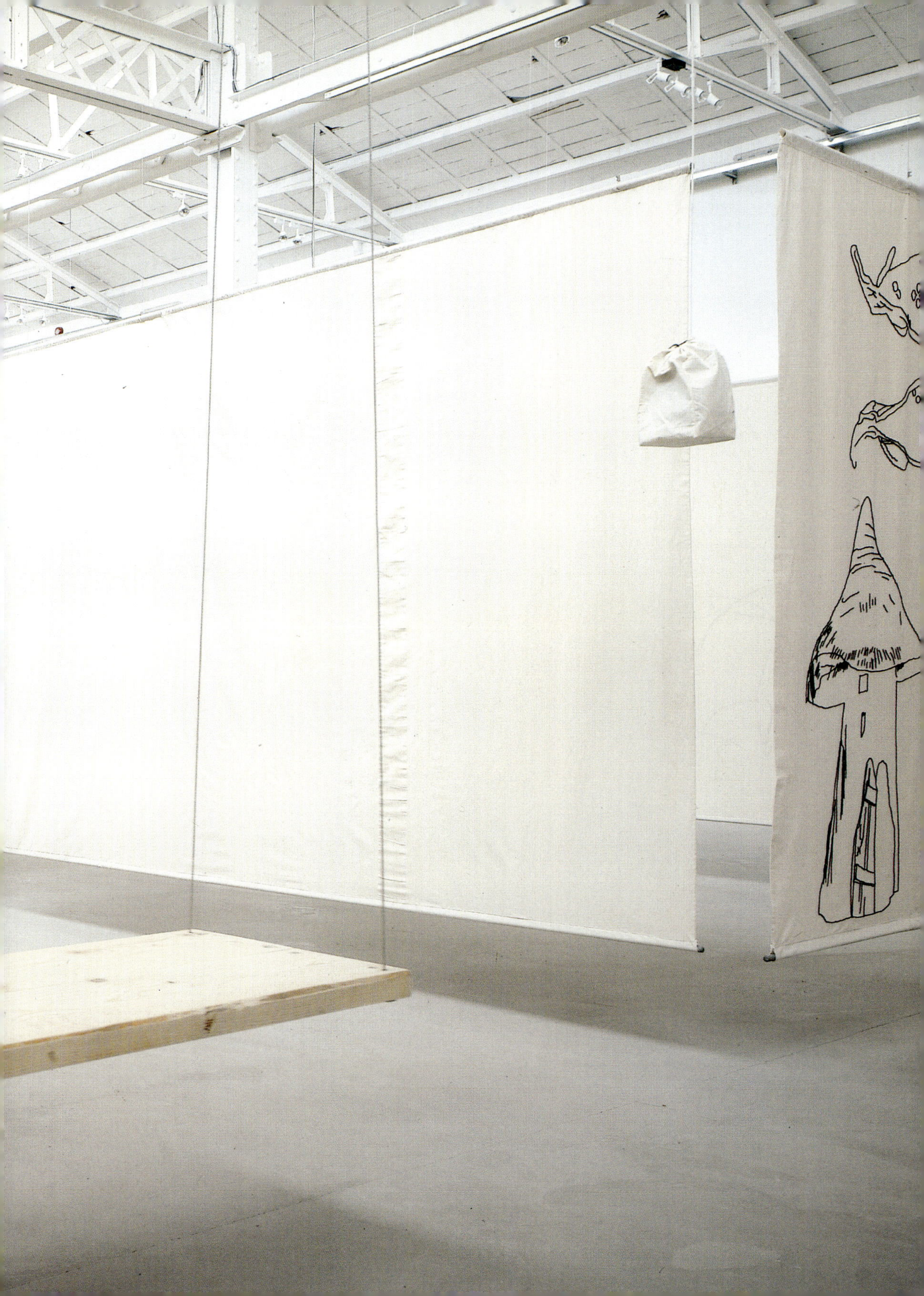

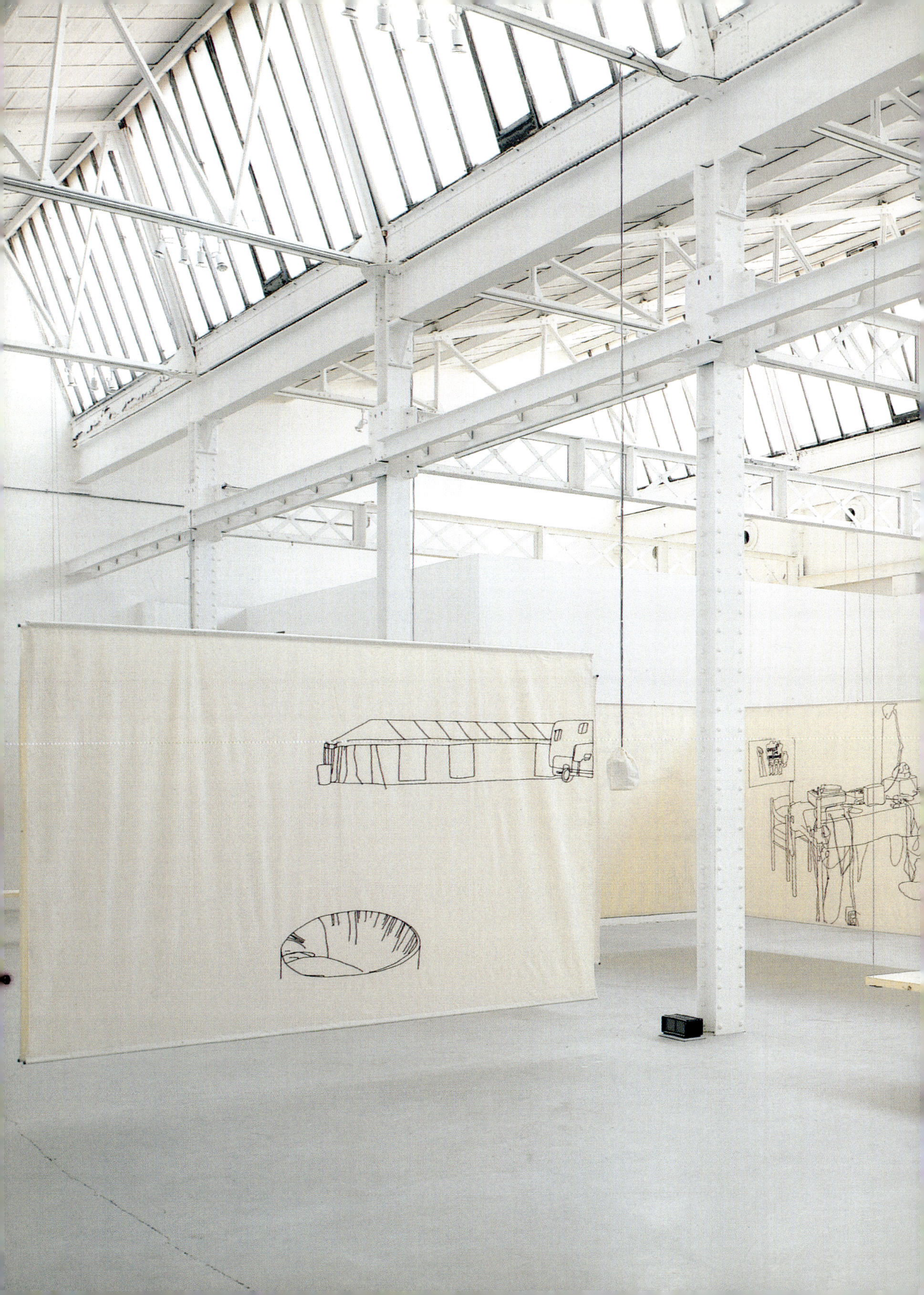

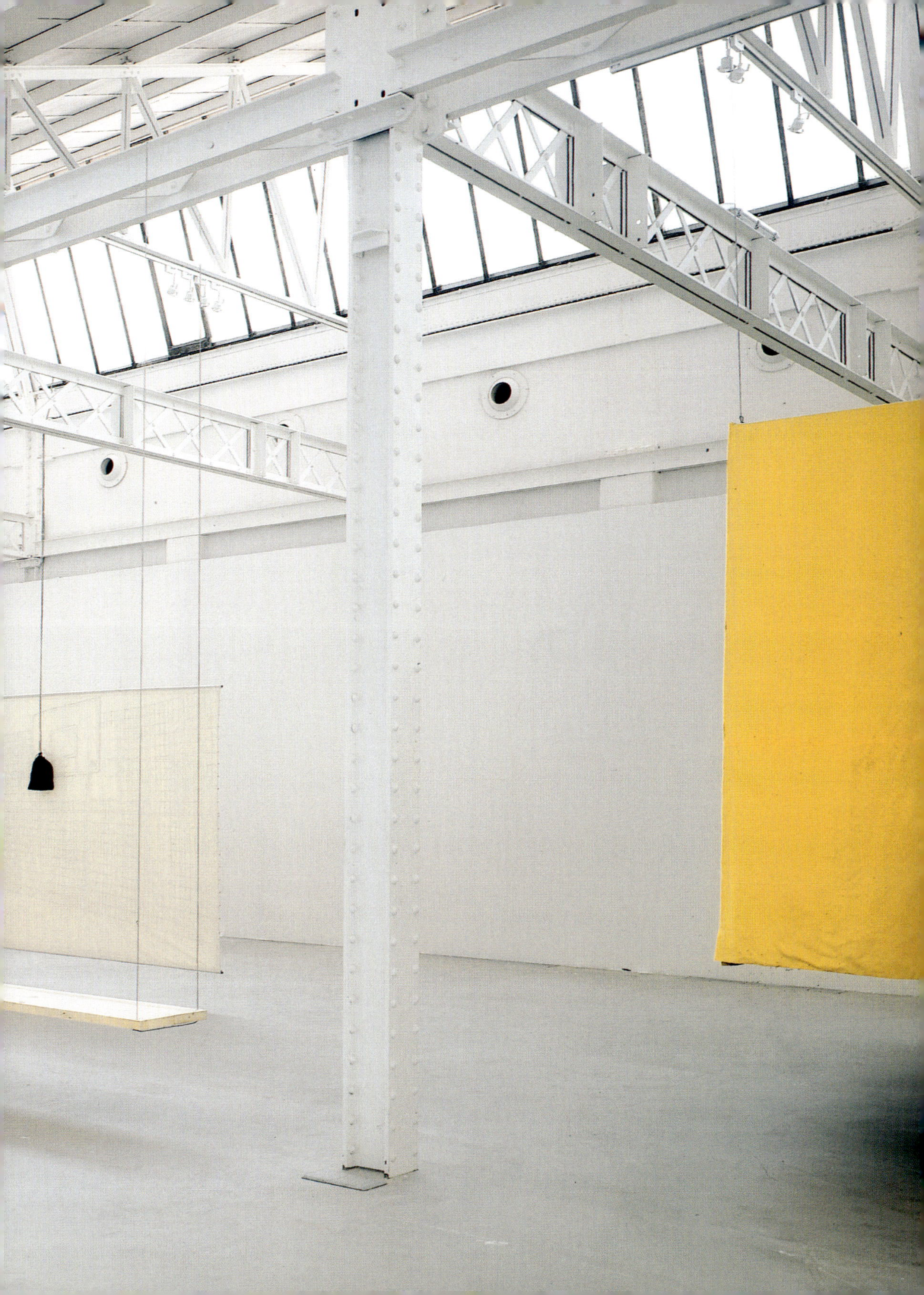

APPARATI APPENDIX – – – – – – – – – – – – – – – –

BIOGRAFIA
A CURA DI MONICA PIGNATTI MORANO, STEFANIA VANNINI

Eva Marisaldi è nata nel 1966 a Bologna dove vive e lavora. Ha studiato all'Accademia di Belle Arti di Bologna. Esordisce nel 1988 alla Biennale dei Giovani Artisti dell'Europa Mediterranea, svoltasi a Bologna e al DAMS spettacolo. Le sue mostre personali, iniziate nel 1990 con un'esposizione presso la Galleria Neon di Bologna, si susseguono con regolarità annuale fino alle più recenti del 2000 al MART Museo d'Arte Moderna e Contemporanea di Trento e del 2001 alle gallerie S.A.L.E.S. di Roma, De Carlo di Milano, Meert Rihoux di Bruxelles.

Numerose sono anche le sue partecipazioni a mostre collettive in Italia e all'estero tra cui nel 1993 la Biennale di Venezia, nel 1999 la Biennale di Istanbul e nel 2001 la XLIX edizione della Biennale di Venezia, dove presenta *Senza fine*, una serie di trentacinque bassorilievi in gesso.

Nel 2000 partecipa alla prima edizione del Premio per la Giovane arte italiana, con l'installazione *Base*, entrata a far parte delle Collezioni del Centro nazionale per le arti contemporanee e attualmente esposta a "Contemporaneo – Temporaneo", spazio espositivo nell'ala Mazzoniana della Stazione Termini di Roma.

La sua produzione artistica si caratterizza per l'uso di tecniche diverse: scultura, ricamo, installazioni, video e fotografia. Rivolge particolare attenzione ai temi della sfera privata dell'uomo e la sua quotidianità, alla realtà sociale e all'ambiente.

BIOGRAPHY
EDITED BY MONICA PIGNATTI MORANO, STEFANIA VANNINI

Eva Marisaldi was born in 1966 in Bologna, where she lives and works. She studied at the Accademia di Belle Arti and at the DAMS spettacolo in Bologna, and made her début in 1988 at the *Biennial of Young Artists of Europe and the Mediterranean*, held that year in Bologna. Her first solo exhibition was held at the Galleria Neon in Bologna in 1990. Since then, many have followed, the most recent being at the MART Museo d'Arte Moderna e Contemporanea in Trento in 2000, and at the Galleria S.A.L.E.S. in Rome, Galleria De Carlo in Milan and Galerie Meert Rihoux in Brussels in 2001.

She has also taken part in numerous group exhibitions in Italy and abroad, including the *Biennale di Venezia* in 1993, the 6th Istanbul Biennial in 1999, and, in 2001, the 49th edition of the *Biennale di Venezia*, where she presented *Senza fine*, a series of 35 bas-reliefs in plaster.

In 2000 she participated in the first edition of the Premio per la Giovane arte italiana with the installation *Base*, now part of the collection of the Centro nazionale per le arti contemporanee, and she is currently showing work in *Contemporaneo – Temporaneo*, an exhibition space in the Ala Mazzoniana in the Termini railway station in Rome.

Her work is characterized by the use of a variety of techniques, including sculpture, embroidery, video installations and photography, with a thematic focus on everyday life, social reality and the environment.

ESPOSIZIONI EXHIBITIONS
A CURA DI/EDITED BY
MONICA PIGNATTI MORANO,
STEFANIA VANNINI

Mostre personali/Solo Exhibitions

2002
Eva Marisaldi. Legenda, Centro nazionale per le arti contemporanee, Roma

2001
Pale Idea, Corvi – Mora Gallery, London
E.M., Galerie Meert Rihoux, Bruxelles
Ghost Track, Galleria S.A.L.E.S., Roma

2000
Eva Marisaldi, Museo d'Arte Moderna e Contemporanea di Trento e Rovereto, Palazzo delle Albere, Trento
Tristan, Galleria Massimo De Carlo, Milano
E.M., Galleria S.A.L.E.S., Roma

1999
Accampamenti, Galleria Massimo Minini, Brescia
Jet lag, Robert Prime Gallery, London
A4 extra, Galleria Comunale d'Arte Moderna, Spazio Aperto, Bologna

1998
Indifferentemente, Galleria Massimo De Carlo, Milano
Omissioni, Galleria S.A.L.E.S., Roma

1997
Molte domande non hanno una risposta, Galleria Neon, Bologna
Avanti e indietro sul linoleum fino all'alba, Robert Prime Gallery, London

1996
X e il Disegno della Cancellazione, Galleria Massimo De Carlo, Milano
Maestri, Galleria Massimo De Carlo, Milano

1995
Minima Arteria, Galleria Massimo Minini, Brescia
5 Giornate, Kunsthaus Essen, Essen
Il Corso tace, Galerie Iconoscope/FRAC Languedoc – Roussillon, Montpellier

1994
Film, Galerie Analix, Génève
A un'ora, Studio Guenzani, Milano

1993
Ragazza materiale, Galleria Raucci & Santamaria, Napoli
Prét, ARC Musée de la Ville de Paris, Paris
La portata umana è nulla, Galleria Neon, Bologna

1992
E.M., Studio Guenzani, Milano

1990
ee, Galleria Neon, Bologna
Laboratorio 3°, Galleria Centro San Fedele, Milano

Mostre collettive/Group Exhibitions

2002
WonderWorld, Kleines Helmhaus, Zürich
Do it, Addison Gallery of American Art, Andover, Massachusetts, Usa
Playground & toys – Parchigioco e giochi d'artista per bambini profughi, Museo Cantonale d'Arte, Lugano
Base/Progetti per l'arte, Galleria Base, Firenze
There is a light that never goes out/c'è una luce che non si spegne mai, Villa Galvani, campanile del Duomo, Galleria Sonia Rosso, Pordenone
Verso il Futuro. Identità nell'arte italiana 1990-2002, Museo del Corso, Roma

2001
Leggerezza – Ein Buck auf zeitgenossische Kunst in Italien, Lenbachhaus, München
Leggerezza, Center for Curatorial Studies at Bard College, Annandale-on-Hudson, New York, USA
Magic and Loss - Video by Young Italian Artists, Lux Centre, London; Man, Nuoro; CAC, Vilnius; Vetrine Fendissime, Roma; Villa Bottini, Lucca
Platea dell'umanità, XLIX Biennale di Venezia, Venezia
Atlantide. Progetti d'Arte nel territorio, Palazzo delle Papesse, Siena; Museo del Bosco di Orgia, Siena
Record All-Over, IX Biennale de l'image en mouvement, MAMCO, Génève
Media Connection, La Triennale di Milano – Palazzo dell'Arte, Milano
Sonsbeek 9 Locus/Focus, Arnhem, Netherlands
Somewhereovertherainbow, Skuc Gallery, Ljubljana
My Opinion, Palazzo Lanfranchi, Pisa
Adriatico: le due sponde, Premio Michetti, Francavilla al Mare, Chieti

2000
Animati, Squadro Galleria Stamperia, Bologna
Tirannicidi, Istituto Nazionale per la Grafica, Roma
Blue nature, Galleria Zero, Piacenza
Canticle 2000 – Respectful to the Environment, Museo della Permanente, Milano
Festival Cinemambiente, cortometraggi sui rifiuti/short films on refuse, Torino
Talent/Um Tolerare Premio Querini – Furla per l'arte, Fondazione Querini Stampalia, Venezia
La forma del mondo – La fine del mondo, PAC, Milano
Migrazioni e multiculturalità, Premio per la Giovane Arte italiana, Centro nazionale per le arti contemporanee, Roma

1999
Bestiario, Galleria Massimo De Carlo, Milano
Corpus ad Aquas, Montegrotto Terme, Padova
Artisti selezionati dal P.S.1 – Bureau Italia, Fondazione Pistoletto, Biella
Alle soglie del 2000, Cortina d'Ampezzo, Belluno
A female touch, Galerie 54, Goteborg
VI Istanbul Biennial, Istanbul
Biennale di Alessandria d'Egitto, Alexandria, Egypt
Desire, Biagiotti Arte Contemporanea, Firenze
Etcetera, Spacex Gallery, Exeter

1998
Ospiti: metafora di una profezia, mostra a casa di/exhibition at Alfredo Granata, Celico, Cosenza
Incursioni, Link, Bologna
Subway, Stazioni della Metropolitana, Milano
Voyager, Palazzo delle Papesse, Siena
1900, Galerie Analix, Génève
Poussière, FRAC Bretagne, Rennes
La Ville, le Jardin, la Mémoire, Accademia di Francia - Villa Medici, Roma
Do it, Dunlop Art Gallery, Regina, Canada
Coté Sud, Institut d'Art Contemporain, FRAC Rhône-Alpes/Nouveau Musée Villeurbanne

1997
Sequenze labili, Sala 1, Roma
Giro d'Italia dell'arte in nove tappe, L'Attico, Roma
È nella mia natura, Galleria Neon, Bologna
Esistenza elettrica. Sette artisti italiani, Galleria Spsas, Locarno
Do it, Kunstverein Kreis Gutersloh, Gutersloh
Pittura italiana da collezioni italiane. Italian painting from italian collections, Castello di Rivoli Museo d'Arte Contemporanea, Rivoli, Torino
Passaggi, Ca' Tiepolo, Albarella, Rovigo
Partito preso internazionale, Galleria Nazionale d'Arte Moderna, Roma
Perché – Fuori uso '97, Spazio ex FEA, Pescara
Che cosa sono le nuvole, Fondazione Sandretto Re Rebaudengo, Guarene d'Alba, Torino
Group show, Robert Prime Gallery, London
Jingle Bells, Galleria Massimo De Carlo, Milano
504, Zentrum fur Kunst, Medien und Design, Braunschweig
Fatto in Italia, Centre d'art contemporain, Génève; ICA, London
How will you behave?, Robert Prime Gallery, London
Metamorphosis, Gian Ferrari Arte Contemporanea, Milano
Trash. Quando i rifiuti diventano arte, Museo d'Arte Moderna e Contemporanea di Trento e Rovereto, Palazzo delle Albere, Trento
Officina Italia, Galleria Comunale d'Arte Moderna, Bologna; Sala comunale, Castel S. Pietro Terme, Bologna; Ex Fabbrica Arrigoni, Cesena; Rolo Banca, Forlì; Chiostro di S. Domenico, Imola; Pinacoteca Stoppiani, Santa Sofia di Romagna
Rassegna video, Prato

1996
Interno 2, Galleria Raucci & Santamaria, Napoli
More Than Real, Palazzo Reale, Caserta
To die with on our hand, Link, Bologna
Niente di personale, Open Space, Milano
Su questa sola base non sapremo né cosa stiamo osservando né come le nostre osservazioni siano distorte dalla propensione a raccogliere certi tipi di indizi a preferenza di altri, Galleria Primo Piano, Roma
Visto che il gioco è interessante vanno a chiamare un altro elefante, CTS Niguarda, Milano; Galleria Primo Piano, Roma; Ex Chiesa di S. Agostino, Bergamo
Uccelli/Birds, Parco degli uccelli La Selva, Paliano, Frosinone
Una stabile relazione insoddisfacente, Link, Bologna

Manifesta 1, Witte de With Centre for Contemporary Art, Rotterdam
Exchanging Interiors, Museum Van Loon, Amsterdam
Presente/Gegenwart, Kunstlerwerkstatt Lothringerstrasse, München
XII Quadriennale Italia 1950 – 1990: Ultime generazioni, Palazzo delle Esposizioni, Roma

1995
Il Giovane Ospite, Casa del Giorgione, Castelfranco Veneto, Treviso
THE, Galleria Neon, Bologna
Arienti, Cattelan, Kaufmann, Marisaldi, Casiraghi, Cingolani, Kozaris, Quartana, Spazio Viafarini, Milano
Inizio di partita, Piazza della Dama, Castelvetro, Modena
Mercato Saraceno, Mercato Saraceno, Forlì
Senza Titolo. Eventi, Trento
Tentativi di intrusione, S. Maria delle Croci, Ravenna
Interno 1, Galleria Raucci & Santamaria, Napoli
Transfer, Kabinett, Essen
Transfer, Galleria Comunale d'Arte Moderna, Bologna; Castello di Rivara, Rivara, Torino; Düsseldorf; Aachen

1994
Ho preparato la mia casa e sto aspettando, Galleria Neon, Bologna
Prima linea, Flash Art Museum, Trevi, Perugia
Soggetto/Soggetto. Una nuova relazione nell'arte di oggi, Castello di Rivoli Museo d'arte contemporanea, Rivoli, Torino
L'Hiver de l'Amour, ARC Musée de la Ville de Paris, Paris; P.S.1, New York
Luigi Ontani, Luciano Bartolini, Eva Marisaldi, Sala comunale, Castel S. Pietro Terme, Bologna
Oriente Mediterraneo, Università di Helwan, Istituto Italiano di Cultura, Cairo
Double Density, Galerie Pohlhammer, Steyr, Austria; Galleria Alberto Weber, Torino; Galleria Neon, Bologna
Ars Lux, Made in Bo, Bologna
Rien à signaler, Galerie Analix, Génève
Nuova Officina Bolognese, Cankarjev dom, Ljubljana
My car is black, and yours is white, Galerie Mladych, Brno, Czech Republic
Europa '94, Munich Order Centre, München
Galleria Numero Civico, Rovereto
La casa del padre, Galleria Schema, Firenze
Incertaine identité, Galerie Analix, Génève
Esercizio, video Blob – Fuori orario RAI 3 (23.12.1994)
VHS, Palazzina Liberty, Milano

1993
Documentario/Privacy, Spazio Opus, Milano
Rassegna video, Galerie Marc Jancou, Zürich
June, Galerie Thaddeus Ropac, Paris
Autoritratto di Galleria, Sala comunale, Castel S. Pietro Terme, Bologna
Futura Book Collection, Galerie Air de Paris, Nice
Aperto '93, Emergenze, XLV Biennale di Venezia, Venezia
Hotel Carlton Palace, chambre 763, Hotel

Carlton, Parigi
Peccato di novità, Galleria Emi Fontana, Milano
Forme di relazione, Galleria Neon, Bologna; Orzinuovi, Brescia
Galleria Massimo De Carlo, Milano

1992
Air de Paris, Paris, Galleria Neon, Bologna
Dorainavanti, Premio Michetti, Francavilla al Mare, Chieti
Una domenica a Rivara, Castello di Rivara, Rivara, Torino
Aceland. Territori Occupati, Galleria Arx, Torino
Venti pezzi fragili, Galerie Analix, Génève
Tattoo Collection, Galerie Air de Paris & Urbi et Orbi, Galerie Jennifer Flay, Paris; Galerie Daniel Bucholz, Köln; Andrea Rosen Gallery, New York; CRDC, Nantes
Trekking, Galleria Neon, Emilio Fantin Diffusione, Badolo (Monte Adone), Brento, Bologna
Quadreria, Galleria Bordone, Milano
Invito Italiano alla Giovane Critica, Termoli, Campobasso

1991
La Galleria si mostra, Galleria Neon, Bologna
Cromie, Galleria delle Colonne, Parma
Loro, Castello Visconteo, Trezzo sull'Adda, Milano
Spazi Futuri. Giovani scultori in Italia, Castello dei Pio, Carpi, Modena; Centro Cascina Nuova, Segrate, Milano
Provoc'arte, Galleria Ferroviaria Montale, Repubblica di S. Marino
Immagini Proiettate, Spazio Viafarini, Milano
Nuova Officina Bolognese, Galleria Comunale d'Arte Moderna, Bologna

1990
Beghi, Bernardi, Marisaldi, Pessoli, Pivi, S. Maria delle Croci, Ravenna; Galleria Neon, Bologna
Italia90, Ipotesi Arte giovane, Fabbrica del vapore, Milano

1989
L'Europe d'Art, Niort, France
Visioni di Hymnen, allestimenti per musiche di/ decor for music by Stockhausen, Lingotto, Torino

1988
Biennale Giovani Artisti dell'Europa Mediterranea, Bologna

BIBLIOGRAFIA
BIBLIOGRAPHY
A CURA DI/EDITED BY
MONICA PIGNATTI MORANO,
STEFANIA VANNINI

2002
Eva Marisaldi. Legenda, catalogo della mostra/
exhibition catalogue, Centro nazionale per le
arti contemporanee, ed. Charta
*Verso il Futuro. Identità nell'arte italiana 1990-
2002*, catalogo della mostra/exhibition
catalogue, Museo del Corso, Roma, ed. Charta
S. Pasquini, *Eva Marisaldi*, in *New York Arts
Magazine*, gennaio/January
A. Polveroni, *La videoarte ha 40 anni ma è
ancora avanguardia*, in *La Repubblica*,
1 maggio/May

2001
Eva Marisaldi, in *The Guardian*, recensione/
exhibition preview, 18 gennaio/January
M. Coomer, *Eva Marisaldi*, in *Time Out*,
14-21 Febbraio/February, p. 54
E. De Cecco, *Eva Marisaldi 1966*, in *Platea
dell'Umanità*, XLIX Biennale di Venezia,
catalogo della mostra/exhibition catalogue,
p. 200-201, 348
J. Ebner, *Rennfahrer, Bergbluten und ein
Papagei*, in *Frankfurter Allgemeine Zeitung*,
3 marzo/March

2000
Eva Marisaldi, catalogo della mostra/
exhibition catalogue, Palazzo delle Albere,
Museo d'Arte Moderna e Contemporanea di
Trento e Rovereto, Trento, ed. Skira
Premio Querini Stampalia – Furla per l'arte,
catalogo della mostra/exhibition catalogue,
ed. Charta
*Il Premio per la Giovane Arte italiana 2000,
Migrazioni e Multiculturalità*, Centro nazionale
per le arti contemporanee, Roma, p. 56, 71-72
Tirannicidi, catalogo della mostra/exhibition
catalogue, Istituto nazionale per la Grafica,
Roma, Silvana Editoriale
S. Evangelisti, *Eva Marisaldi, Galleria d'Arte
Moderna, Spazio Aperto, Bologna*, in *Tema
Celeste*, n. 77, gennaio-febbraio/January-
February, p. 124
E. De Cecco, G. Romano, *Contemporanee:
percorsi, lavori e poetiche delle artiste dagli
Anni Ottanta a oggi*, ed. Costa e Nolan
A. Pioselli, *E. M.*, in *Artforum*, Novembre/
November
S. Zanella, *Polichromos 2 e Eva Marisaldi*, in
Questo Trentino, 13 maggio/May

1999
G. Amadasi, *Eva Marisaldi*, in *VI Istanbul
Biennial*, catalogo della mostra/exhibition
catalogue, p. 126-129
R. Barilli, *Alle soglie del 2000*, catalogo della
mostra/exhibition catalogue, Cortina
d'Ampezzo, ed. Mazzotta
C. Bertola, *Eva Marisaldi*, in *P.S.1 Bureau
Italia*, ed. Castelvecchi
E. De Cecco, *Reflections on the gaze, game
and narration: Eva Marisaldi, Liliana Moro and
Grazia Toderi*, in *Paradoxa*, n. 10, giugno/June
L. Fantinel, *Corpus ad aquas*, catalogo della
mostra/exhibition catalogue, Montegrotto
Terme
M. Panzera, *Eva Marisaldi. Massimo Minini*, in
Flash Art, n. 215, a. XXXII, maggio/May, p. 114

F. Pasini, *Dizionario delle artiste italiane*, in *Flash
Art*, n. 217, a. XXXII, estate/summer, p. 81
G. Verzotti, *Eva Marisaldi, Galleria Massimo
Minini, Brescia*, in *Artforum*, n. 10, a. XXXVII,
New York, estate/summer, p. 162-163
A. Vettese, *Eva Marisaldi*, catalogo della mostra/
exhibition catalogue, Galleria d'Arte Moderna,
Spazio Aperto, Bologna, p. 6-7

1998
Eva Marisaldi, catalogo della mostra/
exhibition catalogue, *La ville, le jardin, la
mémoire*, Villa Medici, Roma
F. Alessandrini, *Ping pong*, in *Vegetali Ignoti*
L. Beatrice, C. Perrella, *Nuova arte italiana*,
ed. Castelvecchi
C. Colasanti, *Eva Marisaldi. Neon*, in *Flash
Art*, n. 209, aprile-maggio/April-May, p. 129
C. Colasanti, *La ville, le jardin, la mémoire.
Villa Medici*, in *Flash Art*, n. 211, p. 111-112
C. Colasanti, *GAM: Salvo e Marisaldi*, in *Flash
Art*, n. 208, febbraio-marzo/February-March
E. De Cecco, *Percorsi dello sguardo. Eva
Marisaldi, Liliana Moro, Grazia Toderi*, in
Flash Art, n. 213, dicembre-gennaio/
December-January 1999, p. 96-101
B. Della Casa, A. Fadhil, *Esistenza
elettronica. Sette artisti italiani*, catalogo
della mostra/exhibition catalogue, Galleria
Spsas, Locarno
E. Latreille, *Poussière*, catalogo della mostra/
exhibition catalogue, FRAC de Bourgogne,
Dijon; FRAC de Bretagne, Rennes, p. 37

1997
R. Barilli, *Una marcia progressiva verso gli
"immateriali"*, in *Officina Italia*, catalogo della
mostra/exhibition catalogue, Galleria d'Arte
Moderna, *Bologna*, ed. Mazzotta, p. 93
R. Barilli, *Eva Marisaldi*, in AA.VV., *Il Patalogo.
19. Annuario 1996 dello spettacolo*, Ubulibri
P. Colombo, *Fatto in Italia*, catalogo della
mostra/exhibition catalogue, Centre d'art
contemporain, Génève, ICA, London, Electa
M. Currah, *Eva Marisaldi*, in *Time Out*, 19-26
Febbraio/February
G. Curto, *Pittura italiana. Castello di Rivoli*, in
Flash Art, n. 206
R. Daolio, *Eva Marisaldi - Molte domande non
hanno una risposta*, catalogo della mostra/
exhibition catalogue, Galleria Neon, Bologna
E. De Cecco, *Fatto in Italia. Una mostra sulla
nuova generazione di artisti italiana
raccontata dal curatore P. Colombo*, in *Flash
Art*, n. 205, p. 37
J. Ebner, *Verlorene Zeichnung, zertasert*, in
Frankfurter Allgemeine Zeitung, 15 febbraio/
February
C. Liveriero, *È nella natura delle cose. Neon
Bologna*, in *Flash Art*, n. 202, p. 121
M. Oeschler, *Make*, n. 75, aprile-maggio/April-
May, p. 28
F. Pasini, *Eva Marisaldi - Ho fiducia nel
contatto modesto*, in *Scrivere vivere vedere*,
ed. La Tartaruga
A. Pioselli, *Eva Marisaldi. Massimo De Carlo*,
in *Flash Art*, n. 201, p. 80
G. Verzotti, *Viatico per quarant'anni di pittura
italiana*, in *Pittura italiana da collezioni italiane*,

catalogo della mostra/exhibition catalogue, Castello di Rivoli Museo d'Arte Contemporanea, Rivoli, Charta, p. 176-185, 213
A. L. Webber, *Eva Marisaldi*, in *Frankfurter Allgemeine Zeitung*

1996

XII Quadriennale Italia 1950-1960. Ultime generazioni, catalogo della mostra/exhibition catalogue, Palazzo delle Esposizioni, Stazione Termini, Roma, ed. De Luca, p. 153
AA.VV., *Manifesta 1. Foundation European Art Manifestation*, catalogo della mostra/exhibition catalogue, Witte de With Centre for Contemporary Art, Rotterdam, p. 122-123
D. Auregli, *Eva Marisaldi*, in *Transfer. Scambio di artisti e di arte. Austausch. Bildender Kunstler und Kunst*, Galleria d'Arte Moderna, Bologna; ex chiesa di/former church of Sant'Agostino, Bergamo; Castello di Rivara, Torino; Kunstpalast im Ehrenhof, Düsseldorf; Ausstellungshalle am Hawerkamp, Münster; Ludwig Forum, Aachen, p. 88-92
R. Barilli, *Simbolo e decorazione. Il concettualismo "duro" di Eva Marisaldi* , in *Quadri e sculture*, n. 20, giugno/June
R. Barilli, *Trucioli d'autore*, in *L'Espresso*, n. 38, 19 settembre/September
C. Colasanti, *Transfer. Galleria d'Arte Moderna, Bologna*, in *Flash Art*, n. 197, p. 107
R. Daolio, *Presenze/Gegenwarten*, in *Presente/Gegenwart*, catalogo della mostra/exhibition catalogue, Kunstler Werkstatt Lothringerstrasse, München, p. 38-55
E. De Cecco, *Marisaldi, Moro*, in *Flash Art*, n. 198, p. 50
R. Ferrario, *Molto poco*, in *Niente di personale*, catalogo della mostra/exhibition catalogue, Open Space, Milano, p. 22-23
S. Grandi, *Eva Marisaldi*, in *Artel*, febbraio/February
M. Panzera, *Eva Marisaldi. Minini*, in *Flash Art*, n. 196, febbraio-marzo/February-March, p. 106
F. Pasini, *Eva Marisaldi. Tenui tracce di percezione*, in *Liberazione*, 6 agosto/August
P.L. Tazzi, *Or of lightness*, in *Exchanging Interiors*, catalogo della mostra/exhibition catalogue, Museum Van Loon, Amsterdam
L. Vergine, *Eva Marisaldi*, in *L'Arte in trincea. Lessico delle tendenze artistiche 1960-1990*, ed. Skira, p. 271

1995

Inizio di partita. Castelvetro (MO), in *Flash Art*, n. 193, estate/summer, p. 75
G. Ciavoliello, *When form became attitude*, in *Flash Art*, n. 193, estate/summer, p. 39-42
A.Colasanti, *Tentativi di intrusione*, catalogo della mostra/exhibition catalogue, ex chiesa di/former church of S. Maria delle Croci, Ravenna
E. De Cecco, *Inizio di partita*, in *Flash Art*, n. 194, ottobre-novembre/October-November, p. 121
F. Pasini, *Eva Marisaldi*, in *Inizio di partita. Castelvetro (MO)*, catalogo della mostra/exhibition catalogue
S. Risaliti, *Eva Marisaldi*, locandina-invito della mostra/brochure-invitation of the exhibition *Il

CorsoTace, FRAC, Montpellier
M.G. Torri, *Per vedere suonare al Numero Civico*, in *Flash Art*, n. 189, dicembre-gennaio/ December-January 1995, p. 55
T. Verdier, *Eva Marisaldi/Grazia Toderi*, in *Artpress*, n. 201, aprile/April

1994

AA.VV., *Europa '94*, catalogo della mostra/exhibition catalogue, Munich Order Centre, München
AA.VV., *Incertaine identité*, catalogo della mostra/exhibition catalogue, Galerie Analix, Génève
R. Barilli, *Ciabatte e Pennelli*, in *L'Espresso*, n. 23, giugno/June
S. Brugnara, L. Farinati, S. Giovanazzi, *Numero Civico*, catalogo della mostra/exhibition catalogue, Galleria Numero Civico, Rovereto
G. Ciavoliello, *Oriente Mediterraneo*, catalogo della mostra/exhibition catalogue, Istituto Italiano di cultura, Università di Helwan, Cairo, ed. Art Studio Milano
G. Ciavoliello, *Soggetto/Soggetto*, in *Flash Art*, n. 187
V. Coen, *Eva Marisaldi. Neon*, in *Flash Art*, n. 181, febbraio/February, p. 97
T. Corvi Mora, *Eva Marisaldi*, in *Rien à signaler*, catalogo della mostra/exhibition catalogue, Galerie Analix, Génève, p. 68
G. Costa, *Double Density*, Galerie Pohlhammer, Steyr, Austria; Galleria Alberto Weber, Torino; Galleria Neon, Bologna
R. Daolio, *Migrateurs. Eva Marisaldi*, catalogo della mostra/exhibition catalogue, Paris, ARC Musée d'Art Moderne de la Ville de Paris
R. Daolio, *Luigi Ontani, Luigi Bartolini, Eva Marisaldi*, catalogo della mostra/exhibition catalogue, Sala Comunale, Castel S. Pietro Terme
G. Di Pietrantonio, *Eva Marisaldi*, in *Prima linea*, catalogo della mostra/exhibition catalogue, Flash Art Museum, Trevi
D. Gonzales Foerster, Eva Marisaldi, *Film*, Ginevra, Galerie Analix, ed. Artstudio
M. Meneguzzo, *Eva Marisaldi*, in *Shape your body*, catalogo della mostra/exhibition catalogue, ed. La Giarina, Verona
F. Pasini, *Eva Marisaldi. Galleria Neon*, in *Artforum*, n. 8, p. 104-105
F. Pasini, *Inizio di partita. Vanessa Beecroft, Eva Marisaldi, Liliana Moro, Grazia Toderi*, catalogo della mostra/exhibition catalogue, Modena
F. Pasini, G.Verzotti, *Soggetto/Soggetto. Una nuova relazione nell'arte di oggi*, catalogo della mostra/exhibition catalogue, Castello di Rivoli Museo d'Arte Contemporanea, Rivoli
S. Risaliti, *Eva Marisaldi. Studio Guenzani*, in *Flash Art*, n. 187, ottobre/October, p. 77-78

1993

R. Daolio, *Eva Marisaldi*, in *Flash Art*, n. 171, dicembre-gennaio/December-January 1993, p. 75
R. Daolio, *Postscriptum*, in *Aperto '93*, catalogo della mostra/exhibition catalogue, ed. Politi
A. Martegani, *Il Corpo e Viceversa. La costruzione dignitosa del senso*, in *Flash Art*,

n. 180, dicembre-gennaio/December-January 1994, p. 76-77
G. Perretta, *Eva Marisaldi. Raucci e Santamaria*, in *Flash Art*, n. 174, aprile/April, p. 111-112
R. Pinto, *Forme di relazione*, ed. Stampa Alternativa
D. Salvioni, *Aperto. L'esplorazione dell' Hic et Nunc*, in *Flash Art*, n. 178, ottobre/October, p. 90-91

1992

R. Barilli, *Eva Marisaldi*, in *Dorainavanti*, Premio Michetti, catalogo della mostra/exhibition catalogue, Francavilla al Mare, ed. Mazzotta
T. Corvi Mora, *Controfigure*, in *Purple Prose*, n. 2
R. Pinto, *Nuova Officina Bolognese*, in *Flash Art*, n. 166, estate/summer, p. 170
R. Pinto, *Thomas Bernstein - Eva Marisaldi. Studio Guenzani*, in *Flash Art*, n. 169, estate/ summer, p. 102
G. Romano, *Eva Marisaldi*, in *Venti pezzi fragili*, catalogo della mostra/exhibition catalogue, Galerie Analix, Génève, p. 50
M. Torrusio, *Ritocco d'artista*, in *Invito Italiano alla Giovane Critica*, Termoli

1991

C. Bacilieri, *Una tranquilla serata d'estate con leggere allucinazioni*, in *Mongolfiera*, n. 136, gennaio/January
C. Branzaglia, *Giovani emiliani in collettiva*, in *Segno*, n. 100, gennaio/January
C. Colasanti, *Beghi, Bernardi, Marisaldi, Pessoli, Pivi*, in *Titolo*, n. 4
C. Colasanti, in *Loro*, catalogo della mostra/exhibition catalogue, Castello Visconteo, Trezzo sull'Adda, p. 30-31
R. Daolio, *Faccia a faccia*, in *Nuova Officina bolognese. Arte visiva e sonora. 25 artisti*, Galleria Comunale d'Arte Moderna, Bologna, ed. Renografica, p. 108-109
R. Daolio, *Cromie*, Galleria delle Colonne, Parma
W. Guadagnini, *Quattro punti e una citazione per una mostra*, in *Spazi Futuri. Giovani scultori in Italia*, catalogo della mostra/exhibition catalogue, Castello dei Pio, Carpi
G. Romano, *A Fragmentary Image*, in *Lapiz*, n. 78
G. Romano, *Loro (Them)*, in *Titolo*, n. 5

1990

V. Coen, R. Daolio, *I ragazzi della via Emilia*, in *Flash Art*, n.158, ottobre-novembre/October-November, p. 161
C. Colasanti, *Eva Marisaldi. ee*, in *Titolo*, n. 1
R. Daolio, *La pelle e il cuore*, in *Beghi, Bernardi, Marisaldi, Pessoli, Pivi*, catalogo della mostra/exhibition catalogue, ex chiesa di/former church of S. Maria delle Croci, Ravenna; Galleria Neon, Bologna, ed. Essegi
R. Daolio, *Eva Marisaldi*, in *Laboratorio 3°*, catalogo della mostra/exhibition catalogue, Galleria Centro San Fedele, Milano
R. Daolio, *Eva Marisaldi. in ee*, catalogo della mostra/exhibition catalogue, Galleria Neon, Bologna

FINITO DI STAMPARE – – – – – –
nel mese di settembre 2002
da Lasergrafica Polver, Milano
per conto di edizioni Charta